Parlons de moi
y a que ça qui m'intéresse

JOSÉ ARTUR | *ŒUVRES*

MICRO DE NUIT

SKETCHES EN STOCK
(en collab. avec B. Kernel)

PARLONS DE MOI, Y A QUE ÇA QUI M'INTÉRESSE — *J'ai lu* 2542****

José Artur

Parlons de moi y a que ça qui m'intéresse

Éditions J'ai lu

A Simone,
qui n'aurait pas tout aimé
dans ce livre.

Elle était le cœur et la raison.
Elle enrichissait les êtres.
Elle a emporté avec elle ce qui lui restait à faire.
Elle laisse un immense vide que les privilégiés de son amitié comblent peu à peu des souvenirs de sa chaleur humaine.
Elle a laissé aux autres, à tous, son talent de comédienne, hors du commun, ses livres accomplis, sa présence de femme.
Elle avait un regard généreux mais lourd de sentence qu'à la fin elle pouvait de moins en moins maîtriser.
La connaissance profonde et pudique de son mal l'avait progressivement détachée des contingences, pour ne plus s'occuper que de l'essentiel.
Son rêve acharné de justice, dans la vigilance quotidienne.
Elle aussi interrompait souvent son corps-à-corps avec son œuvre, pour intervenir dans la cité.
Elle était mieux que bien.
Il n'est pas possible de faire plus en soixante-quatre ans.
Simone Signoret a honoré le monde de sa présence.

Quand vous m'avez demandé, José Artur, de faire cette préface, je n'avais jamais entendu parler de vous. Depuis, je vous ai écouté cinq ou six fois, et je n'aime pas du tout ce que vous faites. Néanmoins, c'est avec plaisir que je vous donne ce texte.

Ecrire une préface sans avoir lu le livre qui suit doit être aisé. La rédiger après lecture du manuscrit est extrêmement désagréable, car on comprend qu'il ne vous est plus possible d'en annuler la parution.

Je ne puis que regretter, avec vous, ce livre de plus.

ALCESTE TIMON

Quand il s'agit d'écrire des sottises,
il serait vraiment trop facile
d'écrire un gros livre.

BACHELARD

Il faut rire avant d'être heureux.

LA BRUYÈRE

Ma femme ne fait rien, même pas son âge, elle ne porte pas de lunettes, pratique le double foyer. Pour se marier, il faut être deux ; pour le rester, il faut être au minimum trois.

Nous faisons vie commune et rêve à part. J'ai appris à ne pas faire de bruit quand elle rentre. Elle ne cambriole plus mon sommeil. On commence par dire : « Ne fais pas de bruit quand tu rentres », et cela devient très vite : « Ne fais pas de bruit *si* tu rentres. »

Nous vivons dans la même chambre avec nos maux croisés. Il y a des années, nous avons divorcé ; j'ai obtenu la garde de la mère, afin de pouvoir continuer à regarder grandir mon fils. Cette association de malfaiteurs a duré des siècles. Ce qui m'a permis de penser que j'avais raté mes deux mariages : la première était partie, la seconde était restée.

Quand elle a une idée, elle l'a aussi ailleurs, ce n'est même pas la peine d'essayer de lui faire changer d'avis.

Devant la porte ouverte de sa garde-robe, elle n'a jamais rien à se mettre et le prouve, en étant toujours toute nue dans l'appartement — lady Godiva chevauchant à longueur de journée d'été un matelas de piscine —, choisissant sa marque d'huile à bronzer avec le soin que Jacques Vabre apporte à choisir ses grains de café.

Elle est capable de rester six heures de suite au soleil, sans lire, sans se faire les ongles, sans donner le moindre signe extérieur de pensée. Rien ne la gêne, sauf ses jeans de l'année passée.

En voiture, quand je manifeste le désir de prendre une auto-stoppeuse, elle ne se contente pas de simplement dire non — elle argumente avec sa logique : « On ne la connaît même pas. »

Quand on joue aux cartes avec des amis, sa logique est limpide : « Si on gagne, on partage ; si on perd, c'est toi qui paies. »

Dans la maison, elle s'occupe de tout ; moi, je fais le reste.

Elle n'a pas que des défauts, mais ils sont trop visibles. Pour ses qualités, sauf aux fourneaux, elle est d'une pudeur exagérée.

On peut vivre des années avec une femme, à condition de devenir progressivement sourd.

Nous avons été le couple le plus étroitement désuni de Paris.

Cher lecteur, déjà ébloui, ce livre — che d'œuvre de la pensée française — ayant tardé voir le jour, pour des raisons qui ne vous regardent en aucun cas, vous devez mettre ce premier paragraphe à l'imparfait — le terme est bien choisi. Cette femme a rejoint le petit bataillon des anciennes, le groupuscule des déçues d'un piètre amant, d'un mari envahissant, d'un symbole textuel fatigué.

Avec mes femmes, ça a toujours été l'amour flou. J'ai été marié plus de quinze jours ou quinze ans, six fois ; ce n'est peut-être pas beaucoup pour un homme de mon âge, mais c'est énorme pour un feignant dont les rêves érotiques sont inaccessibles.

Je me suis marié une fois à l'église, deux fois à la mairie, le reste à la sauvette.

La première fois, c'était un concubinage qui n'était pas notoire, car elle était mariée avec un homme très costaud. Elle était près de ses sous et moi encore plus près des siens. J'étais très jeune, je n'avais pas un rond et me cherchais des mamans. Elle ne parlait que d'argent. Je lui avais prédit qu'elle finirait femme-tronc dans une église. Elle me suivait partout, sauf dans les conversations. Elle avait du génie entre les jambes et un cœur battait sous sa minijupe. Elle pesait cinquante kilos, toute mouillée, elle avait une tête de plus que moi, je la trouvais très belle.

Il faut dire qu'elle ne sortait qu'avec des amies très laides — en cherchant bien, elle avait trouvé l'idéale : c'était, c'est toujours une comédienne qui se trouvait moche et qui l'était. Ça la rendait méchante. Elle boudait pour un oui ou pour un non. On y gagnait presque, car elle était plutôt mieux quand elle faisait la tête. Elle me détestait — maigre à faire peur, le genre de femme qui se pèse toutes les cinq minutes entre deux biscottes, qui rentre son ventre sur la balance, afin de peser moins lourd. Quand je voulais que ma minijupe bien-aimée sache quelque chose, je me confiais à cette amie en lui demandant de garder le secret — la commission était faite.

Je jouais *le Voleur d'enfants,* de Jules Supervielle, avec Raymond Rouleau au théâtre de l'Œuvre ; je les ai quittées, sa copine et elle, car j'étais amoureux de ma partenaire, Lise Topart. Pendant les représentations, j'ai été rappelé sous les drapeaux par le briseur de grève Jules Moch, qui m'a remis au charbon à Montceau-les-Mines.

Sentant que je me détachais de sa fille, ma première belle-mère, de la main gauche, me tricotait avec la main droite des wagons de pull-overs, un par jour, de toutes les couleurs, du kaki réglementaire, pour la caserne, au rose bonbon fondant pour les permissions. Toutes mes belles-mères, tout au long de ma vie, m'ont tricoté des tonnes de chandails. Toutes, sauf l'actuelle, qui m'en offre de tout faits qu'elle achète au prix de gros — c'est dire qu'ils me vont très bien.

Quarante ans après, j'ai revu par hasard mon grand amour d'un mètre quatre-vingts, toujours accompagnée de son monstre d'amie, souffre-douleur — la première était moins belle, la seconde moins laide. Elles m'ont trouvé un peu vieilli, je les ai trouvées mal élevées et très vieillies.

Mon ex-dulcinée ne m'a presque rien dit, sauf en partant, où elle prononça doucement ces quelques mots : « Tu as un très joli pull-over, mais il n'est pas tout jeune, lui non plus. » Etait-ce pour m'en refiler un, était-ce pour solliciter quelques questions concernant sa tricoteuse de mère, peut-être encore en vie ? Je ne le saurai sans doute jamais. Toujours est-il que je ne lui ai rien répondu.

La deuxième vivait dans deux chambres de bonne aménagées, en face de la mienne. Elle m'avait violé manuellement, un jour d'absence de son mari parti à la mairie chercher les papiers nécessaires à leur mariage. Ils avaient décidé de régulariser après sept ans de concubinage idyllique.

Nous avons vécu très heureux tous les trois, pendant quelque temps. Ils s'entendaient tous les deux à la perfection. Par osmose, ils étaient même tombés amoureux de moi. Ils se sont mariés, j'ai été leur témoin.

Après la cérémonie formalité, il y eut deux jours de nirvana. Je récitais des vers, lui jouait du violon, elle dessinait des modèles.

Et brusquement ce fut l'enfer, il fallut même appeler les pompiers. Il avait enfermé sa femme, ma maîtresse, dans les toilettes du couloir et fermé la porte. Il n'était pas du tout jaloux de moi — ce qui, à la réflexion, est très vexant —, mais il ne supportait pas le voisin du dessous.

Logés dans ces lourds immeubles bourgeois du VIIe arrondissement, en pierre de taille avec balcons de fer forgé et concierge nantie, nous n'avions droit qu'à l'escalier de service sans ascenseur pour gagner les combles ancillaires. Louées à prix d'or aux étudiants et jeunes couples que nous étions, ces chambres de service désertées par un personnel de maison devenu rare n'avaient ni eau, ni gaz, ni électricité, ni toilettes. Tout se passait sur le palier.

A chaque étage de l'escalier de service, la porte du personnel donnait sur la cuisine des appartements de maître. La porte du sixième étage, dernière étape de nos épuisantes ascensions quotidiennes, avait fait germer une idée dans les jambes de ma muse sexuelle récemment mariée : faire ami-amant avec le célibataire du sixième, afin de pouvoir emprunter l'ascenseur, traverser l'office, la cuisine, et n'avoir plus qu'un étage à monter à pied. C'était génial, c'était féminin, c'était immoral et confortable. Au lieu de réaliser chaque jour la face nord de l'immeuble, elle avait entrepris et réussi la face cachée du Falstaff du cinquième au-dessus de l'entresol, dernier refuge avant le sommet.

Chacun de nous trois faisait les courses pour le dîner, à tour de rôle; nous évitions de manger des produits lourds, non à digérer, mais à porter. Les pommes de terre et les artichauts étaient interdits, la salade, les nouilles, le riz avaient nos préférences. En matière de dessert, la meringue et le pop-corn l'emportaient sur le melon et les pommes. Mais c'est le casier à bouteilles qui avait décidé l'élue de mon sexe à officier dans le lit du retraité du sixième étage. Son mari, longtemps, n'avait rien soupçonné du manège, ne remarquant pas le changement de menu. Les courses d'Yvonne avaient pris une autre densité. Les jours de marché, il y avait maintenant du chou-fleur, du pot-au-feu, et même des ananas.

Ces détails de poids ne m'avaient pas échappé, et un jour j'allais comprendre que notre trio était devenu un quatuor à pas de loup : à cent mètres devant moi, j'aperçois Marie dans la rue (je me suis trompé tout à l'heure en l'appelant Yvonne). Donc je l'aperçois — elle a deux sacs gonflés de victuailles, elle franchit le porche de l'immeuble, traînant la jambe. Chevaleresque, je cours, pensant la rattraper vers le premier palier — personne. Je grimpe plus vite, je la hèle — rien. J'arrive là-haut dans notre nid d'amour et la vois, fraîche, pas essoufflée, ayant déjà posé sur la table les vingt kilos de ses provisions.

Son mari a dû attendre trois mois de plus pour comprendre, en la voyant sortir par la porte de service du sixième palier au moment où il soufflait comme un veuf.

Le choc fut violent et fit éclater ce trio infernal.

Je redevins célibataire.

Rien n'est plus moral qu'un homme de peine
avec une fille de joie.

Le monde est fondé sur l'érection.
S'il s'arrête de jouir,
le monde s'écroule.

Ayant momentanément perdu le chemin de mon sexe, mon troisième amour arriva. Elle avait dix-huit ans, des yeux — enfin, deux — à vous faire rater une marche. Je l'avais d'ailleurs rencontrée dans un escalier. Elle habitait l'immeuble avec sa grand-mère, son jeune frère, un chien, et un chat minuscule et adorable qu'elle devait me présenter huit jours après notre rencontre.

Je viens de vous parler de ses yeux et de son chat, je serais un débile profond et surtout un égoïste de ne pas mentionner sa poitrine, digne du ciseau de Praxitèle.

La chance surgit souvent à la seconde où on ne l'attend pas — mieux : à la seconde où on ne la recherche même plus. Je devais filmer, pour la télévision, Michèle Morgan, dans *Chéri*, de Colette ; le tournage, au dernier moment, avait été annulé, à la suite de mots qu'avaient eus mon collaborateur et l'attachée de presse du théâtre — une histoire de femmes, peut-être, allez savoir !

Toujours est-il qu'aux plus beaux yeux du monde, que je n'avais pu filmer ce jour-là, j'allais devoir pour la vie, c'est-à-dire quinze jours au moins, de vivre une très jolie histoire de chéri avec un *e*. Un très joli regard pour me réapprendre des choses que je ne savais plus.

Vous connaissez la formule : « On mettrait ça dans un film, on ne le croirait pas. » Ce qui s'est passé sur mon palier est si incroyable que j'ai hésité à inventer un mensonge pour faire admettre la vérité et la rendre plus crédible.

— Nos horaires étaient aussi éloignés que nos âges,

— je fonce toujours de ma voiture à l'ascenseur, tête baissée, ne voyant personne,

— je ne suis jamais là, totalement libre à 14 h 45,

— ma femme est très rarement en voyage,

— je ne monte presque jamais à pied chez moi.

— l'ascenseur était en panne,

— son professeur de français passait l'agrégation,

— elle ne retrouvait pas la clé dans son sac,

— la minuterie ne fonctionnait pas,

— elle avait un coup de téléphone urgent à passer...

... Je lui ai ouvert ma porte — elle est rentrée. Je lui ai montré le téléphone : « Il y a une place de documentaliste-lectrice-secrétaire aux Buttes-Chaumont, chez un historien à moitié gâteux qui a un pied dans la tombe et qui écrit avec l'autre, comme vous diriez à la radio. »

Tiens, c'est une auditrice, ça ne va pas être facile, elle connaît mes trucs et mes rases.

« Cela m'ennuie, c'est loin, les Buttes. J'appelle quand même. »

Faisant semblant de chercher un livre dans la pile entassée dans l'entrée de l'appartement, je me suis entendu dire : « Vous allez gagner de l'argent, que vous perdrez en transport et en temps. J'ai besoin de quelqu'un pour m'aider, et il n'y a que deux étages à monter, c'est moins fatigant que le périphérique. » Elle n'a pas fait son numéro, je lui ai fait le mien, un numéro de vieux cochon qui ne sommeille que d'un œil. Comme dit Roland Barthes, quelque chose d'inattendu est venu « s'adapter *parfaitement* à mon désir ». J'avoue n'avoir pas imaginé que la petite fille d'hier deviendrait ma secrétaire. « Et vous avez remarqué, ajoutai-je, je ne fais pas de surenchère : on vous offrait 1 500 francs par mois, je ne vous achète pas, je vous engage à ce prix-là. »

C'était canaille, mais ça a plu.

Elle est très belle, assise en face de moi, fouillant dans son sac pour la cinquième fois, toujours à la recherche de sa clé. Je lui propose du thé — elle est inquiète : elle veut sa clé.

« Ne serait-elle pas simplement dans la doublure de votre poche ? Vous permettez ? Donnez-moi votre veste. »

La chance, ce jour-là, me cerne de toutes parts ;

la clé paraît au bout de mes doigts, ce qui provoque un merci disproportionné, une émotion qui me trouble.

« Vous voulez que je vous fasse du thé pour m'avoir sauvé la vie ? » me dit-elle.

Elle passe, entre le fauteuil et la table, si près de moi que je sens sa main effleurer mon esprit. Une envie irrésistible de l'aimer — un refus du père de famille qui moralise en moi, une lucidité castratrice qui me fait murmurer à mon insu : « J'ai cinquante ans.

— Et alors ? C'est très bien, papa en aurait quarante-neuf. Vous avez du lait ? J'en prends dans le thé. »

Elle retourne à la cuisine — elle sait où tout est, elle a la même deux étages plus bas.

Je la vois pour la première fois de dos, son jean délavé me dit oui. J'ai raison de prendre dans les avions le lait en poudre, elle l'a trouvé, elle le crie en fourrageant dans les placards.

Comment faire pour oser, pour risquer de tout casser en brusquant les choses ? J'en parle à mon mainate, qui me donne la réponse la plus bête qui soit : « Il est beau, l'oiseau. »

Je ne l'ai pas entendue revenir, elle s'est déchaussée, elle a posé le plateau sur la table, elle s'approche de moi, elle est tout près.

« Vous allez être choqué, mais vous savez, cela fait six ans que je suis amoureuse de vous et de votre voix. Je vous ai même écrit, j'ai une photo de vous et je n'ai jamais osé vous parler jusqu'à aujourd'hui, votre femme a l'air si jalouse. »

Tiens, c'est vrai, ma femme, à son retour, va-t-elle apprécier cette secrétaire en barboteuse, quasi à domicile ?

« Quand j'avais quatorze ans, vous auriez pu me demander n'importe quoi.

— Et aujourd'hui ?

— Vous pouvez me demander mon prénom... Agnès. »

Souhaitons, qu'elle ne connaisse pas trop *l'Ecole des Femmes,* cela pourrait tout faire capoter.

« Je m'appelle Agnès, je suis étudiante en lettres. Il y a six ans, vous avez dit un soir à la radio : " Je dédie ce disque à toutes les Agnès qui vont s'endormir. "

— Il m'est arrivé de dire des choses plus fouillées.

— Sûrement, mais cette petite phrase-là m'a fait fondre. »

Elle continue à parler doucement, et moi, je ne la quitte pas des yeux, mais ne peux m'empêcher d'avoir une pensée pour les quelques pédophiles qui lisent ces lignes et qui rêvent en comptant sur leurs doigts libres. Dix-huit ans aujourd'hui, il y a six ans, elle en avait donc douze, et elle aurait fait n'importe quoi, cela me fait rire.

Revenons aux gens normaux, à vous, à elle. Sa voix émerge de ma rêverie, elle flatte ma vanité, cite des phrases de mon boulot. « Une fois, en vous entremettant avec une vieille actrice qui était plus fière de ses amants que de ses créations, vous avez parlé d'un homme élevé chez les curés qui faisait l'amour dans le noir ; cela m'a fait rire, quand vous avez ajouté : " Il ne saura par conséquent jamais comment c'est fait. "

— C'est vrai qu'il y a deux actes légaux de la vie où l'on est obligé de se cacher pour les accomplir : c'est le vote et l'amour.

— Pour le vote, je ne peux pas savoir, je n'ai pas encore dix-huit ans. »

J'ai la bouche de plus en plus sèche, elle commence à m'obliger à m'asseoir précipitamment afin de cacher mon émoi.

« José, vous permettez que je vous appelle José, malgré la différence de générations ? »

La petite garce, ce qu'elle a de charme. Mais elle aurait pu se contenter de différence d'âges.

« Appelez-moi José, moi je t'appelle déjà Agnès. »

Et c'est là qu'elle m'a sauté sur les genoux. Je vous jure que c'est vrai.

Maintenant, je suis au lit avec elle. Ce tendron fait des choses que je n'osais même pas imaginer faire à une femme de mon âge il y a trente ans. Elle m'apprend tout — je ne savais rien —, elle est partout-la-pudeur-connaît-pas — la fatigue, la sienne, la mienne, veut pas savoir —, elle n'est pas pressée et n'accepte pas que je le sois. Même la couette n'en revient pas, elle en tombe par terre. Le téléphone sonne. Je ne sais pas ce qu'elle donnera comme secrétaire, mais elle suce son pouce comme personne.

Elle gaminaude à merveille. Je ne serai jamais un grand amant.

Tandis qu'elle ne répond pas au téléphone, mais à toutes mes attentes, je ne pense qu'à une chose — c'est pas bien — c'est trop beau — ça ne va pas durer, ce n'est pas décent — elle pourrait être ma mère... enfin, ma fille —, et puis, qu'est-ce que je vais dire à sa grand-mère dans l'escalier, car elle, je la croise tous les jours, on a les mêmes horaires ?

Je pense à tout cela, à la joie fulgurante et aux remords délicieux qui m'envahissent, quand sa voix de rêve, troublée, chavirée, mais précise, laisse frissonner cinq mots, pas un de moins, pas un de plus — c'est effrayant de pouvoir compter dans un moment pareil. Quand j'avais vingt-deux ans, j'avais écrit sur un papier que je dirais un texte classique à ma maîtresse à l'instant précis de l'explosion universelle, je l'avais fait et n'avais pas choisi la facilité — Corneille, vous imaginez, les stances de *Polyeucte* — un triomphe, le rêve du comédien, la claque et même la paire.

Agnès vient de me dire cinq mots :

« Tu es prêt ? Moi, oui.

— Si je suis prêt ? mais c'est *Hiroshima mon amour*. J'attends ton corps depuis trente ans. Je ruisselle d'amour pour toi.

— On commence quand ?

— Quoi ! Tu ne vas pas me dire que tu as encore envie de faire l'amour ?

— Je n'ai pas dit : " On recommence ", j'ai dit : " On commence quand à travailler ? " »

Agnès est debout devant la fenêtre, nue, Agnès, le petit chat n'est décidément pas mort.

Elle a tiré le voilage. Elle est folle, la femme de ménage de mon voisin l'a vue, j'en suis sûr. Claude Villers va le savoir. Il y a des amours qu'il faut célébrer avec joie, mais une joie discrète — ce n'est pas le merveilleux Roman Polanski qui me démentira. Le jour de sa condamnation pour détournement de postpubère — Dieu merci, par contumace ! — s'est déclenchée aux Etats-Unis une grève générale des mineurs, subtile coïncidence.

La désespérance élégante de l'auteur l'empêche de poursuivre plus avant et l'oblige à nouveau de fictionner la vérité.

Agnès est aujourd'hui documentaliste dans une grande station de radio anglaise. Elle me quittera pour avoir trouvé mieux et plus jeune. Comme celle qui ne faisait rien, même pas son âge. On devrait pouvoir se faire interdire de mariage, comme on le fait pour le jeu. On irait se marier quatre ou cinq fois par an à Monte-Carlo, ou alors il faudrait rendre plus joyeuse la séparation, poser une liste de divorce chez Hermès, donner une réception au Fouquet's.

Agnès, si je t'avais épousée, c'est au Nain Bleu que j'aurais déposé ta liste de mariage.

La terre tourne trop vite ;
maman,
je veux descendre.

Je suis, moi aussi, né en claquant la porte Quand le médecin est arrivé, c'était déjà trop tard j'étais né.

Ma naissance, comme celles de l'oscar à Hollywood et du cinéma parlant, s'est passée en 1927. Je suis né dans la demeure de mes parents, ce qui se faisait beaucoup à l'époque.

1927, une très mauvaise année pour le vin rouge. Ce qui m'oblige à mentir de temps en temps. Je me rajeunis ou me vieillis d'un an, quand un viticulteur ou le propriétaire d'un château veut m'offrir une vieille bouteille de l'année de ma venue au monde. Pour les autres détails de ma prime enfance, se référer au premier volume de la tétralogie de mes œuvres complètes à venir.

Pendant longtemps, j'ai cru qu'il était facile de vivre. Sachez seulement que mes parents étaient hétérosexuels, que je n'ai jamais vu mon père et ma mère sortir des toilettes, que mon grand-père maternel achetait tous les livres érotiques qui sortaient et les brûlait devant la famille réunie dans son vaste jardin. Il croyait tuer le mal en l'enrichissant. Je l'ai souvent soupçonné de les lire en cachette avant le bûcher.

Mon grand-père paternel a crié toute sa vie en jetant une pièce aux chanteurs des rues jouant sous ses fenêtres pendant qu'il travaillait : « Si vous voulez chanter ici, taisez-vous et allez ailleurs ! »

Mon père, lui, a passé toute sa vie à chercher le vase du Graal dans la baie de Lannion — il ne l'a jamais trouvé — ou alors, il l'a gardé pour lui.

Ma mère, elle, m'a toujours expliqué que ce qu'il y avait de meilleur dans la vie, c'était pour les autres, qu'il y avait toujours une Blanche-Neige très loin dans la montagne, mille fois mieux que moi.

Elle m'a appris à me passer de tout, à me sentir coupable au bout de trois jours de vacances, elle m'a donné sa part de nourriture pendant la guerre, elle m'a appris à distinguer un meuble Louis XV d'une copie Napoléon III, elle ne m'a pas mis de désherbant dans mes shampooings d'enfant, ce qui fait que mes tifs sont superbes.

Nos rapports pendant dix-sept ans de vie commune n'ont pas été de tout repos pour les deux parties — d'un côté, douze personnes, c'est-à-dire mes douze frères et sœurs ; de l'autre, moi.

Ma grand-mère maternelle ne m'a fait de la peine qu'une fois dans sa vie, en mourant. C'est elle qui m'a appris le coup du kaléidoscope gratuit et portatif que même un prisonnier peut s'offrir, dans l'obscurité de sa cellule. Quand je m'ennuie, j'appuie sur mes paupières fermées, en modulant la pression, et je contemple les constellations incandescentes que le souvenir de la lumière y a engrangées. En travaillant la chose, on peut même créer des formes, c'est le Picasso ou le Miró le moins cher qu'on puisse s'offrir.

J'ai découvert, avec elle, que le lapin est un animal timide et nourrissant, que le doigt de Dieu, auquel elle croyait dur comme fer, consiste, entre autre choses, à faire boire à un présumé coupable un bol de lait dans lequel nage une vipère. S'il est mordu à la lèvre, c'est qu'il est coupable. Elle détestait les coqs qui se trompent d'heure, elle savait que le comble de la cruauté était d'offrir un manteau en poil de chameau à un bossu et de manger du poisson devant un bocal de poissons rouges. Que le Blanc est supérieur au Noir, car il peut bronzer au soleil, alors que le Noir, à l'ombre, ne blanchit pas. Elle me parlait de René Caillet entrant dans Tombouctou et de son scorbut, elle lisait dans les étoiles. Nous étions très proches, même quand nous n'étions pas ensemble. Si j'avais dû redoubler ma maternelle, elle m'aurait trouvé des excuses. Cette grand-mère était une illuminée qui, si elle avait été comédienne, aurait très bien pu jouer la Folle de Chaillot, sans rien changer à sa coiffure, à son maquillage, et à ses tenues extravagantes. Une grande étole de petit-gris, un immense sac en tissu avec fermoir d'ambre rouge, robe de satin moirée, peigne d'écaille ajouré dans les cheveux.

A l'âge où tout paraît normal, nous partions souvent, les matins de marché, faire les courses. Elle, marchant en tête, et moi, suivant le sillage impétueux de cette femme que j'adorais et précédant d'un bon mètre une jeune soubrette qui portait deux sacs vides en toile cirée. Tous les marchands, derrière leurs étals, nous connaissaient particulièrement et paraissaient, eux aussi, adorer ma grand-mère, ce dont j'étais très fier. Ils l'interpellaient : « Madame Genet, j'ai de beaux choux ce matin. » Je l'entendais invariablement répondre, sans s'arrêter : « Lancez, lancez. » La jeune bonne ouvrait un sac, et les deux ou trois choux devenus ballons de basket finissaient dans le panier.

Ma grand-mère ne payait jamais sur le moment, elle refaisait un tour en fin de matinée pour payer toutes les notes, que les marchands avaient eu tout le loisir de fignoler; elle ne vérifiait jamais.

Elle croyait aux astres, en Dieu, en moi, elle était généreuse, elle avait des idées complètement fausses sur des milliers de choses, sa religion oscillait entre le jansénisme le plus strict et une superstition fourmillant d'idées préconçues.

Elle donnait des pièces de monnaie à tous les pauvres que nous croisions. Mais, devant chaque boiteux ou borgne, elle me disait : « Tu vois, José, Dieu l'a puni, il a dû faire des choses terribles. »

Vous reconnaîtrez avec moi que, pour un enfant de six ans, il y avait de quoi se poser des questions sur la réalité de la justice immanente... Elle ajoutait : « *Mane, thecel, pharès* », phrase écrite sur les murs de Babylone par une main divine. J'ai su plus tard, par les pages roses du *Petit Larousse,* que cela voulait dire « compté, pesé, divisé ».

Elle prétendait qu'elle continuait à entendre les sons quand ils n'étaient plus audibles par le commun des mortels ; depuis, je me suis toujours demandé ce que deviennent les sons et les odeurs dissipés.

Il y avait, à la sortie de la grand-messe, une mendiante avec trois enfants en bas âge dans le plus grand dénuement ; cette femme avait un nouveau-né dans les bras qui n'arrêtait pas de hurler, un large pansement lui recouvrant un œil et une partie de la tête. Cette femme faisait recette de sa misère tous les dimanches matin, jusqu'au jour où, intrigué par les cris inquiétants du bébé et par ce bandage permanent, un médecin soupçonneux se proposa de soigner le bébé. La femme refusa, tenta de fuir, fut rattrapée, maintenue par un sergent de ville. Le bandeau enlevé révéla l'horreur : sur la paupière du nourrisson se trouvait une demi-coquille de noix dans laquelle se débattait une fourmi vivante qui torturait l'œil du bébé.

Je n'ai jamais oublié cette histoire de la misère humaine, qui hante encore parfois mes nuits. Il est difficile d'avoir de l'indulgence pour des crimes qu'on ne comprend pas.

Saint-Germain-en-Laye était, en 1935, une petite ville de province remplie de charme, avec des jardins partout, de vieux pavés, des enseignes de fer forgé et une des plus anciennes gares de chemin de fer de France.

Au hasard de mes activités, je revois de temps en temps la ville de ma naissance qui ressemble de moins en moins à la ville de mon enfance ; quelques balises du souvenir, quelques points de repère, de plus en plus espacés, me permettent une bouffée de rétro. Je pense qu'avec un peu de chance ils ne pourront pas faire avec le château ce qu'ils ont défait avec la gare ni faire avec l'église ce qu'ils ont fait avec le lycée.

Pardon, Louis XIV, pardon, Debussy, mes chers concitoyens.

J'ai eu deux enfances de rêve. Aucune n'a été vraie.

Gamin, j'étais du genre à me laver deux fois de suite les dents pour ne pas avoir à le faire le lendemain.

Gamin, j'ai été très déçu de ne voir ni lilas ni porte à la station Porte-des-Lilas. Gamin, toujours, je m'étonnais qu'un poisson rouge puisse se noyer.

Je croyais aussi que le seul endroit où l'on trouve des oranges était en prison.

J'avais généralement plus envie de savoir déjà que d'apprendre d'abord.

J'étais en fait très regardant sur des détails qui ne me regardaient pas.

En famille, je vivais et me sentais seul, sans pouvoir revendiquer la solitude.

Dans mon enfance, j'ai beaucoup été frappé par ce qui m'entourait... et par ma mère. La première volée dont je me souvienne sanctionna une banale conversation que j'avais eue avec un ami de mon père. L'invité venu déjeuner, ne s'y reconnaissant pas dans la nuée d'enfants sur lesquels il butait, avait pris un risque terrible : « Toi, tu es qui ?

— ...

— Est-ce que tu es un petit garçon ou une petite fille ?

— D'abord, je ne suis pas petit, et pis je ne suis pas une fille et pis je te dis merde. »

Certes, j'ai été très mal élevé, mais je l'ai été longtemps. Chez nous, en France, le coup de pied au cul a toujours été l'électrochoc de l'enfant et particulièrement du pauvre ; de surcroît, il y avait la confession calotine hebdomadaire et obligatoire, qui, à cette époque, n'avait pas encore cédé la place à la psychanalyse. Le seul inconvénient : celle-ci est plus longue, plus chère et, surtout, plus dangereuse.

Chez les gens modestes,
le tout est de savoir s'ils cassent
les verres
plus vite qu'ils n'achètent
la moutarde.

Vous voyez, c'est Sophocle qui a écrit ma vie.

Comme raconter ses ennuis, c'est les vivre deux fois, je préfère vous parler d'un copain à moi qui les attirait.

Dans la pension où j'avais échoué, il était, petit à petit, devenu mon meilleur ami ; malgré les deux ans de plus qu'il avait sur moi, nous étions dans la même classe. J'étais en avance et je travaillais mal. Il était en retard et travaillait très mal.

On se prêtait tout, sauf nos devoirs de français, trop similaires dans leurs délires. Le prof d'anglais ne cessait de lui répéter : « Vous resterez toute votre vie un *has been* imparfait. » Celui de maths, renonçant résolument à me faire comprendre les charmes de Pythagore, passionné comme moi par le septième art, posait la craie et, résigné, prononçait l'éternelle formule : «Toi, je ne peux que t'emmener au cinéma. »

Heureusement, si nous n'étions pas des intelligences éblouissantes, nous étions des individualités attachantes

Nous sautions le mur du collège, mitoyen avec une école d'art ménager qui, elle, ne faisait pas internat. Ce mur mitoyen n'était pas le seul à se faire sauter. Mon copain, amoureux de naissance, avait, une bonne fois pour toutes, décidé de jouer chaque semaine aux gendarmes et aux violeurs. Je serais le gendarme, sorte de surveillant rigoureux et attentif. Il serait le violeur. N'ayant pas encore goûté aux joies physiques de l'autre sexe, j'étais subjugué par lui, j'admirais son culot, son succès et ses vantardises.

Nous avons été renvoyés : pour avoir eu une idée originale. Notre prof de latin était un curé aussi gentil que raseur. A chaque dictée latine, sa formule de prédilection revenait : « C'est sur ce thème majeur que nous allons passer l'heure. »

Lassés par ce texte, un jour, mon pote et moi mijotons une phrase que nous décidons, avec l'ensemble de la classe complice, de dire à haute voix, tous en chœur, au moment propice. Le cours commence : « *Labatur...* — Ils mangeaient... — *Quotidie...* — Chaque jour... — *Panem...* — Le pain... — *Domini...* — Du Seigneur... — c'est sur ce thème majeur... » Selon le plan prévu, nous enchaînons : « ... Qu'on va se faire chier une heure. »

Hélas ! à part nous deux, tous les autres s'étaient dégonflés. C'est dans un silence absolu que nous avons signé notre arrêt de mort. Le prof a eu un mot de curé, très joli : « Là où je vous en veux le plus, c'est de ne m'avoir laissé aucune possibilité de vous sauver. »

Nous étions les Antigone d'un Créon en soutane.

La guerre, autour de nous, continuait à torturer le monde, pendant que mon copain me racontait de merveilleuses histoires. Toutes concernaient son « chez-lui ». Ce chez-lui où circulait rigoureusement une brosse à dents pour six personnes.

Il disait : « Comme je suis le plus jeune, et donc le dernier à m'en servir, elle est toujours mouillée. »

Il racontait des tas de choses sur son grand-père retraité de la cavalerie. Qu'il avait attrapé le tétanos du retraité en soignant ses rosiers ; qu'il avait deux marottes, dont cette phrase prononcée inlassablement à l'adresse de ses hommes en exercice, s'enquérant de l'itinéraire du jour : « T'occupes, direction, trou du cul mon cheval. » L'autre, accompagnant le Picon-Suze qu'il sirotait, deux fois par jour avant chaque repas, étant : « L'apéritif ouvre l'appétit avec de fausses clés... Je commence à avoir un beau trousseau. »

A chacun sa formule. Nous, les enfants, en avions une aussi. N'aimant pas l'occupant, cause de notre mise en pension, nous récitions celle-ci, sorte de prière inédite :

Donnez aux Français la patience,
Aux Allemands, la clémence,
Aux Anglais, la vaillance,
Et, pour que rien ne se perde,
Aux Italiens, qui ont déjà le Pô,
Mon Dieu, donnez-leur la merde.

Un soir, nous avons, mon copain et moi, manqué de clémence envers deux soldats allemands qui nous demandaient leur chemin. Nous avons peut-être leur mort sur la conscience, puisque nous les avons dirigés délibérément sur les marais mouvants, balisés par des pancartes que des pluies diluviennes avaient rendues illisibles. Même les têtes de mort en étaient effacées.

Pendant cette même guerre de 1939-1940, que de sinistres cons disent « drôle », mon wagon de frères et sœurs s'était retiré avec nos parents à Perros-Guirec, dans la maison familiale.

Je devais avoir douze ans.

Les petits Bretons étant déjà quarante par classe dans les écoles de la région, on nous avait entassés, les petits « Parisiens-tête-de-chien » dans ces endroits pleins l'été, vides l'hiver, que sont les grands hôtels des cités balnéraires.

Quoi de mieux que d'avoir douze ans, de commencer à rêver de sultanes, sans avoir la moindre intention de préparer le notariat ?[1]

Quoi de mieux que de subir les déclinaisons latines, assis dans des fauteuils profonds, les cartables jetés sur un lit à deux places — lit qui nous paraissait être un immense champ de manœuvre, déserté pour d'autres chemins des Dames ?

1. Tout notaire a rêvé de sultanes (Flaubert).

Quoi de mieux, encore, que de recevoir les rudiments de physique de la bouche du seul personnel enseignant disponible, de jeunes bachelières à la géométrie troublante et variable ?

Nous reluquions sous tous les angles aigus leur superbe carré de l'hypoténuse qui nous faisait rêver dans nos lits devenus trop étroits.

Autant d'explications, sinon d'excuses, d'être resté un très mauvais élève, amoureux des trois étoiles.

Dans la France occupée, nous l'étions beaucoup aussi, à faire des conneries et à en entendre.

Pendant l'exode, j'ai appris de grandes vérités : on peut toujours être rattrapé à la course par un plus grand que soi, surtout s'il est motorisé ; on ne doit jamais dire la vérité à un inconnu, surtout si on a un juif dans sa cave ; on peut s'étonner qu'un évêque « Mayol de Luppé »[1] soit ordonné traître en 1942 et disserter sur le fait que cet aumônier des « Waffen SS français » ait, pendant trop longtemps, terminé ses sermons par « *Heil Hitler !* » et « Pieux dimanche, mes fils ! » On peut découvrir que toute la France a collaboré, parfois même avec la Résistance.

En 1940, il y avait très peu de collabos, très peu de résistants. Il y avait quarante millions de

1. Aumônier de la LVF.

veaux qui cherchaient à en manger, par tous les moyens.

A dix ou douze ans, on n'est pas forcé de piger tout de suite pourquoi, s'il y a des carottes Vichy, il n'y a pas de poireaux Pétain et pourquoi une ravissante ville de Bretagne s'appelle Laval..., comme une petite fille, aujourd'hui, peut se demander pourquoi on traite sans arrêt sa poupée Barbie de monstre.

Si je ne suis pas fort en géographie, c'est peut-être parce qu'on m'expliquait que nos voisins issus des Germains construisaient leur mur de l'Atlantique sur la Manche. Vous me direz que le Var coule bien dans les Alpes-Maritimes et non dans le département qui porte son nom. Si je suis resté très méfiant, c'est que, sur les vespasiennes de mon enfance, il y avait marqué, en très gros, BÉNÉDICTINE, liqueur que buvait ma grand-mère.

Pendant cette période trouble, on voyageait beaucoup à la recherche du bifteck hypothétique, on rencontrait des gens bizarres dans les trains et dans les gares, des traqués et des traqueurs, des inquiets aux aguets des porteurs de valises pleines d'espoir... Et, comme ils étaient moins fouillés que les adultes par les Allemands, on rencontrait des enfants de francs bourgeois, allant visiter la cousine de province qui, dans son cellier, possédait un jambon et, dans son salon, un crucifix.

C'est dans un de ces trains maudits qui me conduisait en Auvergne que j'ai fait ce rêve persistant d'une autre enfance qui se mêlait confusément à la mienne. Dans ce rêve, mon père n'était plus officier de marine, mais sous-préfet en disponibilité, profitant des derniers jours de validité de son *Ausweis* pour me conduire au vert. Ce fut donc le premier virage troublant de mes vies rêvées.

Une mouche tsé-tsé peut empêcher de dormir.

Les funambules n'ont aucun intérêt,
sur le fil,
à marcher de front.

N'oublie jamais que
si les prunes noires sont blanches,
c'est qu'elles sont encore vertes.

J'aime me laisser dériver au gré du flux et du reflux des songes. Il est parfois des rêves d'adolescent qui émergent les soirs de fièvre.

Pour certains, c'est le Petit Prince de Saint-Exupéry qui apparaîtra en chaque nouvelle personne apprivoisée. Pour d'autres, c'est l'odeur du cahier d'écolier, de la colle, de l'éther qui réveillera les visages enfouis depuis l'enfance.

Un rêve ne dure pas plus de quarante-cinq secondes.

Non, monsieur Flaubert, non madame Salambô,
Ce n'était pas à Mégara,
ce n'était pas dans les faubourgs de Carthage,
ce n'était pas dans les jardins d'Amilcar,
c'était à Roffiac, dans les faubourgs de Saint-Flour,
dans les jardins de Mlle Maury.

J'aurai eu la malchance ou la chance de perdre mon père, ma mère, mon chien et mes illusions dans un accident de voiture.

Que serais-je devenu si papa avait freiné à temps ? Il est vrai que, s'il avait su freiner douze ans plus tôt, je ne serais pas assis à ma table de travail, essayant, dans l'imaginaire, de tuer une seconde fois mes parents.

Mais il faut que tout s'achève. La première fois, le 7 juin 1940, ce n'était ni prémédité ni ma faute.

J'étais à l'arrière de la Onze Citroën, légère, noire, à gazogène, avec mon teckel nain dans les bras. Terrorisée par la route, ma mère, assise à la place du mort, trouvait en chaque obstacle l'occasion de placer sa phrase ritournelle et vengeresse : « On devrait les fusiller tous. Ça leur ferait les pieds. » Ce qui, vous me l'accorderez, est une réflexion non seulement agressive, mais également dénuée de bon sens.

Mon chien m'adorait, la seule chose qui pouvait le distraire de moi était un appétit féroce.

« Passe-moi Blinis deux minutes.

— Il ne faut pas le réveiller, il dort.

— Ne crée pas un incident à cause de ce chien. Passe-le à ta mère, tu seras un ange.

— D'accord, papa, je lui donne au premier panneau du prochain village, c'est promis. »

A ce moment, pour avoir le dernier mot — c'est le cas de le dire —, maman sortit un petit gâteau de son emballage. Le bruit du papier froissé réveilla Blinis, qui bondit sur ses genoux, faisant rouler le gâteau sous les pieds de mon père. Le chien suivit le gâteau, le camion de bois déboucha de la clairière. Mon père freina : il ne parvint pas à enfoncer la pédale de frein, Blinis était coincé dessous.

Le choc se révéla définitif pour ma mère, ses petits-beurre, pour mon père et son volant, pour Blinis, qui ce jour-là, vraiment, ressemblait à son surnom — paraît-il car, étant passé par la portière, je me suis retrouvé dans un champ de colza, orphelin commotionné de douze ans, avec ma puberté naissante, la laisse de mon chien dans la main, une entorse au pied droit, un éclat de verre au front, un héritage de petit-bourgeois et une épave de voiture, qui, quelques années plus tard, ferait la bonne fortune d'un César — beaucoup plus tard, à mon micro, Miró dirait : « Si vous ramassez un galet, c'est un galet. Si je ramasse un galet, c'est un Miró. »

Pour le moment, près de l'épave de la voiture, qui n'est ni un César ni un Miró, mais un cercueil en tôle, j'entends vaguement des voix désagréablement compatissantes : « Faut pas qu'il prenne froid », « Occupez-vous de lui ! Les autres, ce n'est plus la peine », « C'est un enfant. Il a quel âge, à votre avis ? »

Réveillé à l'hôpital de Murat, entouré comme je ne l'avais jamais été, fleuri, gourmandisé, quasi violé par une gentille infirmière pédophile — elle ne cessait de vérifier la température entre mes cuisses dès que nous étions seuls dans la chambre.

Trop jeune pour en profiter, j'attends que cela lui passe et gamberge sur mon avenir immédiat : *Il est trop tard pour rentrer en classe... Trop tard pour finir ma cinquième... Mon entorse et mon chagrin m'empêchent d'aller enterrer la famille...*

Les enquêteurs me demandent les détails de l'accident — ils veulent tout savoir —, ils me prennent pour la boîte noire de la Onze légère.

Dans le miroir de la pièce, je regarde mon arcade sourcilière, éclatée par le pare-brise — je me trouve intéressant déjà, je ressemble à Humphrey Bogart en plus jeune... — et je réalise que je suis relativement heureux dans ma peau déchirée.

C'est là, devant ce miroir, que j'ai décidé de ne plus jamais avoir de parents, de chiens, et de devenir fataliste. Si j'apprends la mort d'un Coluche, d'un Albert Camus, ou d'un Fernand Raynaud, je pense qu'une phrase de plus, qu'un geste de moins, dérisoire et quotidien, aurait suffi pour changer le destin.

Un arrêt à une pompe à essence, le camion de Boby Lapointe et la voiture de Michel Piccoli ne pouvaient plus s'entrechoquer dans la tête de Paul Guimard. Dans ce cas présent, nous aurions un beau livre et un beau film de moins.

Assis sur mon lit d'hôpital, le commissaire de police ne cessait de répéter bêtement : « Mais qu'est-ce qu'on va faire de toi ? »

Je lui répondis par une phrase que j'avais entendue à la radio quelques heures avant : « Tout ce qui est définitif arrive à une seconde près. »

Devant le regard étonné des adultes qui m'entouraient et qui me prenaient pour Jésus au Temple, Albert Einstein, ou Jeanne d'Arc devant ses juges, grisé, je poursuivis : « Mes parents me conduisaient, si j'ose dire, près de Saint-Flour, chez ma vieille nourrice, Mlle Maury, pour la durée de la guerre, car à Paris, y a rien à bouffer, et paraît-il qu'on voit mes côtes. »

Déjà, j'aimais montrer mon Q.I. à tout le monde.

Trois jours après, j'étais enfant de chœur à Roffiac.

Enfant de chœur est une situation pas trop désagréable, si on a le doigté sournois et la certitude que tout se négocie : des indulgences au vin de messe. C'est là que j'ai, pour la première fois, mis la main au culte.

Comme dans tous les commerces, en matière d'office religieux, il y a les affaires courantes et les gros coups. Les messes basses du matin, dans ce petit village du Cantal, n'attiraient pas grand monde. Je ferais plus tard, à mes dépens, l'expérience de situations semblables dans certains théâtres. Il nous arrivait, à mon copain Gaspard, au curé et à moi, d'être obligés de jouer devant les chaises vides et la chaisière qui empestait la sainteté. Les jours de bide sacré, nous étions plus nombreux sur scène que dans la nef. Le côté péjoratif de l'épithète « basse », devant le mot

« messe », me paraissait dévaloriser cet office, qui me donnait autant de travail que la grand-messe des dimanches, des mariages et des enterrements.

Jugement enfantin, mais en avance sur les pouvoirs publics, que la susceptibilité du Français moyen allait, quelques années après, obliger à rebaptiser à tour de bras : la Seine- et la Loire-Inférieures deviennent « Maritimes »; les concierges, gardiennes d'immeubles... De même, les filles mères se transforment en mères célibataires; les aveugles sont appelés des « non-voyants ». Les fous deviennent des « marginaux de la normalité »; les bonnes à tout faire, des employées de maison, qui ne dorment plus dans les chambres de bonne, mais dans les chambres de service — hélas ! pourtant toujours au même étage, sans ascenseur, sans eau, sans chauffage. Je compatis au supplice des habitants du Bas-Rhin et des Basses-Alpes qui rêvent de hauteur et de respect.

Seuls les cons n'ont pas été débaptisés.

Les jours de « hautes messes », appelées couramment « grandes » ou « chantées », nous mettions dès l'aurore notre aube neuve, c'est-à-dire la moins usée des deux, celle qui avait le moins de reprises, et l'aube de fêtes se levait sur la chasuble.

Notre jeu préféré, avec Gaspard, était de parier sur la couleur des langues des communiants et des communiantes. Etant donné qu'un seul de nous pouvait voir nettement si la muqueuse des gourmandes de Dieu était jaune ou non, ce jeu était fondé sur la confiance mutuelle.

Aujourd'hui, lorsque j'ai des cauchemars, il m'arrive de voir s'avancer la langue monstrueuse de la championne toutes catégories — Mme Henri, postière de son état, qui ne se contentait sans doute pas de manger de la merde, mais qui en mangeait trop.

En écrivant ces lignes, je prends délibérément le risque de choquer. Mon psychanalyste préféré m'a conseillé de le faire. Il avait raison. Depuis le jour où j'ai couché sur le papier cette obsession d'enfance, je rêve toujours de Mme Henri — plus du tout de sa langue.

Le vin de messe était enfermé à clé et ne présentait aucun intérêt pour le modeste enfant de chœur que j'étais. C'était la chaisière aux odeurs légères qui s'en chargeait.

En revanche, très accessibles étaient les troncs au bâton englué que nous y enfoncions tous les dimanches soir, avec une dextérité inégalable.

Nous nous amusions à changer sournoisement de place les prie-Dieu nominatifs aux jolies plaques de cuivre gravées. Les notables vexés de se retrouver au deuxième rang manquaient de se crêper le chignon.

Dans un brouhaha de chaises traînées sur les dalles, ils rétablissaient l'ordre de préséance, établi depuis des années au prorata du denier du culte et des aumônes quotidiennes.

Le château, lui, avait carrément une loge, impossible à bouger.

Dans le village et ses alentours, tous les chevaux

avaient été réquisitionnés. Vaches et bœufs tiraient charrues et tombereaux. Un cheval pourtant, un seul était passé au travers de la réquisition allemande. Il s'agissait du pur-sang du châtelain. L'animal, originaire de Lourdes, avait été échangé aux autorités contre deux juifs qui n'allaient pas à la messe. A l'occasion d'enterrements, il le prêtait pour se faire pardonner. Ce châtelain répétait à tout propos en riant bêtement une phrase idiote : « A Saumur, y a pas eu de miracles ; à Lourdes, y a encore des chevaux. » Servile, tout le monde riait.

Un matin, vexé de n'avoir plus que le mors au derrière, l'étalon s'emballe dans la pente du cimetière. Il part au galop, entraîne le cortège soufflant à ses trousses. Il termine deuxième, le corbillard l'ayant doublé dans la descente.

Eh oui, les enterrements m'attiraient. J'aimais voir pleurer les proches du défunt. Je me sentais moins isolé. Chez les milliardaires, les héritiers ne versent que peu de larmes, ceux qui sanglotent le plus, au fond de la nef près du bénitier, ne sont justement pas de la famille, et c'est pour cela qu'ils pleurent.

Si les chiens, au lieu de geindre tout le temps, pleuraient franchement, ils pisseraient moins souvent. Celui de la chaisière était, comme beaucoup, carnivore, mais il aimait aller se servir à la source. Quand il disparaissait après un enterrement, on était sûr de le retrouver, grattant, fouillant, retournant la terre fraîche de la tombe récente.

Dans ce village d'Auvergne où les arbres étaient

plus hauts que les maisons, les poulets qui se promenaient tout crus étaient rigoureusement comptés, les autres étaient déjà comptabilisés dans les coffres-forts des paysans, qui vendaient les verres d'eau potable aux « exodés » sur le bord des routes.

A cette époque, le pouvoir médical officiel de l'endroit était détenu par Mlle Maury, infirmière de son état. J'étais en dépôt chez elle, adolescent très maigre, qu'elle essayait de faire engraisser.

Le souvenir de mes parents, ceux des bombardements de Paris, des études chrétiennes s'estompaient tout doucement.

La seule école libre, c'est l'école buissonnière.

Pendant des années, Mlle Maury avait fait la bonne d'enfants chez mes parents. Elle m'avait vu naître, cela lui donnait le droit de me dorloter, de me piquer les fesses, de me gaver de petits plats et d'idées reçues. Bref, de m'emmerder avec amour jusqu'à la droite.

Dans ce village de moins de deux cents habitants, dont l'unique rue ne lui appartenait même pas, puisque c'était la nationale reliant Murat à Saint-Flour, Mlle Maury régnait, apaisant ici et là douleurs et maladies, bégayant et bigotant à toute heure.

A trois maisons de la sienne se trouvait le seul café-épicerie-bougnat-forgeron de l'endroit. Ce lieu de per... per... perdition, comme elle essayait de le dire, était tenu — si on peut employer ce terme — par un être qui me faisait peur. Le père Chimaron était rebouteux et laïque. Il détenait le pouvoir paramédical dans le village. En parfait athée, il recevait ses patients à l'heure de la messe, des patients qui attendaient leur tour devant un alcool du pays — remède infaillible, disait-il, parce que cela tue le diable.

Chimaron soignait hommes, femmes, enfants et animaux avec des herbes, des limaces macérées dans du vin blanc, des poudres qui sentaient l'Auvergne. Lui, vieux Dominici descendu d'un tableau de Jérôme Bosch, ne se prescrivait que du calva et sentait très fort le cantal.

Je vivais simplement au milieu de ce petit monde de paysans d'un autre âge qui, en vase clos, illustraient remarquablement, avant même la fameuse lettre, Don Camillo et Mr. Peppone — l'affrontement quotidien au nom de Dieu et de l'argent.

Mlle Maury n'avait pas un rapport particulièrement cordial avec Chimaron. Quant à moi, je préférais encore les pieuses piqûres hebdomadaires qu'elle me faisait aux médecines dites « douces » et peu catholiques du guérisseur forgeron. Et pourtant, une peur incontrôlable des seringues, chaque jour, m'envahissait — je la suppliais toujours, sachant qu'elle était bègue, de ne pas saccader l'entrée de l'aiguille, afin de ne pas avoir à la subir deux fois.

Un jour, mon angoisse la rendit nerveuse. Elle se traversa le doigt en plantant sa seringue et continua d'appuyer sur le piston. Ce n'était pas très sain, mais plus rapide, donc moins douloureux.

Le soupirant de Mlle Maury parlait, lui, tout à fait normalement. Il s'y reprit pourtant à plusieurs fois avant d'atteindre le lit de sa bien-aimée.

En plein été, afin de prouver sa flamme, l'amoureux transi par trente-cinq degrés à l'ombre apportait tous les jours, à celle dont il rêvait, un saladier de fraises des bois — elle ne les supportait pas, c'est moi qui les mangeais, ma vie a son secret, mon âme a son mystère, il n'en a jamais rien su.

Je ne sais si vous avez déjà cueilli des fraises des bois, mais, même dans des sous-bois, faits pour cela, un tel acte d'amour lorsqu'on a soixante ans ne peut que se terminer par un lumbago doublé d'une sciatique. Rien de plus logique, donc, qu'un jour, vers midi, heure où il ramenait sa fraise, j'aie vu le prétendant, poussant son saladier du menton, s'approcher à quatre pattes de la maison de sa dulcinée. Aidé par un voisin, j'ai réussi à le hisser sur le lit de sa muse, qui l'a déculotté et piqué goulûment.

L'amour et la douleur physique avaient amené l'amoureux au suprême bonheur : l'alcôve de sa bien-aimée. Il pouvait enfin rêver dans les draps de celle qui le faisait souffrir depuis des années... On dirait du Claudel.

Que celui qui n'a jamais torturé un hanneton excuse ce que nous faisions aux oiseaux, les jours de neige. Essayant d'agrémenter nos menus menus de guerre, nous piquions dans la neige des cornets de papier englués à l'intérieur, ayant soin d'y placer, au fond, un petit morceau de nourriture. Nous nous éloignions d'une portée de fusil, les corbeaux plongeaient tête baissée dans l'objectif de papier. Aveuglés, collés, ailes battantes, désespérés, labourant la poussière blanche, ils finissaient dans une soupe immangeable, mais buvable.

Que les curés me pardonnent ce massacre de corbeaux. Un jour, nous avons piégé un colvert « le coup tendu, l'aile sifflante », que nous avons rongé jusqu'à l'os. Une autre fois, c'est un superbe faucon que j'ai passé deux heures à nettoyer à l'eau tiède, le débarrassant de sa glu, lui expliquant que les apparences sont parfois trompeuses et qu'il aurait intérêt, à l'avenir, à se méfier de la facilité. Juste avant de s'envoler, ce ringard m'a arraché un bout de peau...

C'est en hiver, pendant la guerre, que j'ai vérifié que la neige tue aussi bien le rossignol que le clochard. Quand la neige fondait, nous passions des heures à apprendre aux jeunes poules à pondre avec des œufs de plâtre et des imitations de cris de gallinacés.

Dès le printemps, dans le Lander, rivière limpide qui traversait le village, nous pêchions à la main des truites saumonées, nous étions devenus experts en la matière. Entrant dans l'eau jusqu'aux cuisses, nous nous approchions des poissons qui se chauffaient au soleil et leur frottions tout doucement le ventre afin de les faire remonter insensiblement vers la surface, puis, d'un coup sec. nous les projetions sur l'herbe le plus loin possible de la rive. Cette pêche, banale à l'époque, est impossible aujourd'hui, il n'y a plus d'eaux claires, il n'y a plus de truites saumonées dans les rivières, il n'y a plus de petit garçon que devant les téléviseurs.

Tout en aimant les fleurs, enfant des privations, j'ai quand même toujours préféré à la beauté des cerisiers en fleur l'efficacité des cerisiers en fruits.

Nous adorions faire des blagues. Un panneau de signalisation ATTENTION ÉCOLE jouxtant la mairie, une main anonyme y avait écrit : NE TUEZ PAS UN ENFANT. J'avais, de nuit, ajouté, avec une faute d'orthographe : ATTENDER PLUTÔT UN PROFESSEUR.

Juste à côté, un médecin retraité habitait la plus belle maison du village, tout au bout, près de la fontaine. Il y avait très longtemps qu'il était vieux, et il n'y avait plus que son argent qui travaillait. Aux gens qui lui disaient : « A part cela, ça va ? » il répondait : « Oui, mais c'est “ ça ” qui est l'essentiel. »

Dans son salon d'attente, une affichette manuscrite défraîchie était posée sur la cheminée : *Pour les fêtes, clients, amis, ne m'offrez rien que je sois obligé de cacher, surtout pas d'objets d'art !*

Un jour que nous venions d'apprendre que Hitler ordonnait de brûler les livres écrits par des juifs, il m'avait dit gravement : « C'est un monstre », puis, après un temps : « Il vaut quand même mieux un homme qui brûle de temps en temps certains livres, qu'un homme qui ne lit jamais. »

Il fumait beaucoup pour une période de pénurie, et encore la difficulté de trouver du tabac l'avait-elle certainement prolongé... L'austérité forcée peut être positive.

C'était un asthmatique qui soufflait force 8 et dont le savoir m'éblouissait. Quand il racontait une histoire, il se frappait si fort le front afin d'illustrer son propos qu'il en restait étourdi une seconde ou deux. Et quand une rare voiture passait en trombe sur la grand-route en cornant, il murmurait : « S'il est aussi con que son klaxon, je plains sa femme. »

Je déjeunais chez lui deux fois par semaine, attendant avec bonheur sa phrase de début : « Rien n'est meilleur au monde que d'avoir faim et de pouvoir manger », et sa phrase de fin, se versant l'alcool qui lui était interdit : « Ne passons jamais à côté d'une tentation, elle peut ne jamais se représenter. »

Bien que médecin, il était contre la peine de mort. Il était veuf et torturait, avec amour, Germaine, sa gouvernante, qui n'était plus de la première vieillesse. Elle aussi avait ses « rases » qu'elle assenait en servant les plats : « Ce camembert : un beurre », « Ce melon : un sucre », ou encore : « Ce rôti de bœuf est tellement bon qu'on dirait du veau. »

Elle était de Lisieux, et, chaque fois que le soleil inondait la campagne auvergnate, elle s'exclamait : « On se croirait en Normandie ! »

Elle était très laide, aussi laide qu'elle était bonne. Il y a des êtres qui sont tellement laids qu'ils pourraient attaquer leur mère en dommages et intérêts, ils toucheraient sûrement quelque chose.

Elle est morte dans sa cuisine, un mardi, le docteur l'a suivi deux jours après : il est mort, le jeudi, dans son bain.

Si, en Afrique, un vieillard qui meurt est une bibliothèque qui brûle, la mort de ce médecin a carbonisé l'encyclopédie de mon enfance.

D'origine mâconnaise, il prétendait qu'il pissait du bordeaux quand il buvait du bourgogne. « De toute façon, disait-il, quand on boit du rouge, on pisse du blanc. »

Il croyait à un dieu, pas au Bon Dieu.

Il était généreux et lucide, affirmant qu'il fallait s'occuper des pauvres, avant que les pauvres ne s'occupent vraiment des riches.

Il donnait, bénévolement, un cours du soir aux enfants de l'école, dont les maîtres étaient prisonniers.

Il dénonçait le sexisme macho du *Petit Larousse,*

qui donnait du mot « adolescence » la définition suivante : « Passage de l'enfance à l'âge viril »... Il avait écrit au *Grand Larousse*, qui avait désavoué son petit et remplacé « viril » par « adulte ».

Plus tard, pensant à lui, j'ai fait supprimer de ce dictionnaire, au mot « carré », la mention « Partie de plaisir entre deux couples ». Je l'avais soulignée en blaguant, un soir, au *Pop Club*. J'ai été pris au pied de la lettre : j'en ai reçu une, très jolie, m'assurant que le nécessaire avait été fait — cette acception a été remplacée par le mot « partouze », qui n'est pas limitatif.

M'occupant des petits et ayant une écriture épouvantable au tableau noir, j'ai eu droit à une merveilleuse réponse d'une petite fille à qui je demandais, par écrit, l'origine du surnom de Philippe le Hardi : « Le roi s'appelle le Mardi parce qu'il est né ce jour-là. »

Enfant, on pouvait me faire gober ce qu'on voulait... Aujourd'hui, c'est plus délicat...

A l'âge des culottes courtes, on pouvait me dire :

« Richelieu est le prénom de Drouot. »

« Jean-Sébastien Bach est le vingtième enfant d'une famille de douze. »

« La tour de Pise penche plus quand le soleil est couché. »

« On a tous une épée de Damoclès au-dessus de la tête. »

Cocteau disait : « Tous les enfants sont poètes, sauf Minou Drouet[1]. »

Moi, je n'étais pas poète, mais déjà bavard impénitent. Adolescent, je pratiquais, plus volontiers, l'escalade verbale que la varappe. Je trouvais très rassurant qu'un certain Malraux, dont parlait souvent mon vieux toubib, n'ait pas son bachot. J'étais très content des journées où j'avais tout fait, sauf ce que j'avais à faire. C'est pour cela que j'ai naïvement choisi mon métier de concierge, « gardien d'antenne ».

Dans la vieille demeure de ce très vieux médecin de campagne plein d'humanité, d'humour et de varices, un billard monumental trônait au milieu du salon. Son tapis, comme le propriétaire des lieux, avait dû être vert, à la même époque. C'était une très grande plaque, qui pouvait à volonté se retourner, soit pour servir de table géante, soit pour attendre son énième accroc.

En 1943, la route nationale, souvent sillonnée par les colonnes allemandes, traversait le village de bout en bout. Au début d'un après-midi, un side-car SS avait happé un petit berger et un agneau — le convoi ne s'était pas arrêté, le mouton avait été

1. Petite poétesse de sept ans, montée en épingle par les médias de l'époque.

ramassé et découpé en rondelles, le berger, blessé au ventre et à la cuisse, s'était retrouvé dans le salon du vieux médecin plein d'humanité, d'humour et de varices, sur le billard plein d'accrocs.

Nous avons retourné le billard du côté table, et, tandis que nous transportions le blessé, mon ami toubib nous a révélé que l'expression « passer sur le billard » venait de l'époque où la plupart des accouchements et des opérations d'extrême urgence se pratiquaient sur ce meuble, dans les maisons bourgeoises.

Son propre père, devenu régisseur d'un comte d'Empire, était né le 21 janvier 1793 et avait été opéré sur ce meuble d'époque. Tout en réduisant la fracture du jeune garçon que nous maintenions, du haut de ces soixante-dix-sept ans, il évoquait l'opération paternelle, sans anesthésie, faite sous Napoléon Ier, et tout cela me paraissait normal.

Venant de faire boire du laudanum à son petit malade, que l'on devait conduire, à travers colonnes motorisées et chemins secondaires, jusqu'à l'hôpital et tout cela de nuit, il me dit une phrase de Voltaire que je crus de lui : « Un médecin est quelqu'un qui verse des drogues qu'il connaît peu dans un corps qu'il connaît encore moins », et il avait ajouté, caressant la tête du petit pâtre groggy : « Mais toi, je te connais bien... et puis, c'est la guerre. »

C'était effectivement la guerre, et le départ en carriole pour faire soixante kilomètres avec un blessé n'aurait pas déplu à John Wayne.

C'était le père Queron, au nom prédestiné, qui drivait la bête ; le curé, dont le manteau était tellement vieux qu'il avait dû connaître Gogol, était à l'arrière, près du futur opéré, allongé sous la banquette sur un matelas. Gaspard et moi, voués à pousser dans les côtes, nous étions assis sur le banc au-dessus de la fracture.

Le père Queron, Ben Hur de l'Auvergne occupée, était à la limite du langage articulé. Si on lui avait lavé le cerveau, un seul rinçage, et l'eau était claire. C'était d'ailleurs la seule partie de son corps où l'on risquait de rencontrer ce liquide.

Avec son cerveau, l'unique chose qu'il pouvait espérer, c'était un rhume. Une goutte permanente scintillait en tremblant au bout de son nez, rougi par la « goutte » dont il abusait à longueur de seconde.

Une goutte pouvant toujours en provoquer une autre, il boitillait légèrement et n'arrêtait pas de parler au cheval du châtelain, qui nous traitait avec mépris.

Nous sommes arrivés à 8 heures du matin à Clermont-Ferrand. Après avoir déposé le malade, laissé faire le plein au père Queron, regardé le curé prier, nous nous sommes retrouvés dans une demeure superbe — la maison du cousin de mon ami toubib.

Après avoir lu le mot d'introduction de son parent, il nous fit manger du cantal, des oignons, du pain et du lait caillé. Gaspard et moi, privilège de l'âge, nous nous sommes retrouvés dans un lit immense, nous avons dormi jusqu'au lendemain matin, les adultes étant logés chez le jardinier.

Visite à l'hôpital, puis nous avons déjeuné chez les cousins, dans la vieille salle à manger dont les fenêtres étaient décorées de vitraux représentant des scènes de la vie quotidienne à Pompéi. Deux de ces vitraux étaient recouverts de papier d'emballage, collé au bord par du chatterton.

Dans cette demeure où tout était harmonie et confort simple, cela m'avait suffisamment intrigué pour que j'essaie de voir en dessous. N'ayant pu suffisamment écarter le papier, j'avais demandé la permission de visiter le jardin, espérant satisfaire ma curiosité de l'autre côté de la vitre. Empêché d'approcher par un massif d'épineux et ne pouvant discerner quelque chose de loin à cause d'un superbe buis, j'étais rentré, frustré et de plus en plus curieux.

« Vous avez un des plus beaux jardins de la ville.

— Non, le plus beau.

— J'ai lu un livre sur le Vésuve, vos vitraux sont comme les illustrations.

— C'est dommage qu'il y en ait deux de cassés », surenchérit Gaspard.

La dame qui servait à table intervint, bourrue :

« Y sont pas cassés, y sont remplis de saletés. »

C'était la première fois que j'entendais proférer une phrase que plus tard je qualifierais de surréaliste — sur le moment, Gaspard répondit au premier degré, me coupant l'herbe sous le pied :

« On peut vous faire vos carreaux si vous voulez... »

Le formidable éclat de rire qui s'empara de la table d'hôtes résonne encore à mes oreilles de temps en temps. Naïfs et assez timides, mais décidés à comprendre, nous nous sommes retrouvés, à la nuit tombée, lampe électrique à la main, devant le papier d'emballage, tâchant de regarder de quelles saletés si rigolotes il pouvait bien s'agir.

Scrupuleux, nous n'osions toujours pas détacher le papier, mortifiés et déçus on s'apprêtait à repartir se coucher quand M. de La Palice me fit apercevoir l'espagnolette, ouvrir la fenêtre et découvrir pour la première fois de ma vie, *de visu,* que les hommes et les femmes faisaient exactement la même chose que les taureaux et les vaches, dans la même tenue et la même position. Ce qui nous sembla dégoûtant et prétentieux, ce fut la fellation artistique du second vitrail — d'une part dégoûtant parce que la gloutonnerie de la dame nous parut mal élevée et manquer de mesure, et d'autre part prétentieuse, parce que la zigouillette du monsieur nous cloua de stupeur, par comparaison personnelle.

Nous étions médusés devant cette révélation phallique, quand la pièce s'illumina d'un coup et qu'une voix qui ne nous était pas encore familière nous figea sur place : « Vous devriez aller vous coucher, c'est beaucoup plus intéressant avec le jour... Vous venez de voir la lune... demain, vous verrez le soleil. »

Inquiets, humiliés et déroutés, nous nous sommes retrouvés dans ce lit inconnu, persuadés que nous n'oserions jamais descendre le lendemain matin.

Heureusement, nous avions récemment fait connaissance d'un ami commun, Onan[1], qui nous permit de trouver enfin le soleil du juste. C'est à peu près à cette époque que j'ai rencontré l'adolescence.

Le petit déjeuner avant notre départ reste le meilleur de ma vie. La lumière entrait à flots par tous les vitraux, trois des quatre battants étaient ouverts, le seul resté fermé était l'objet de notre expédition nocturne — dégagé de ses emballages, il resplendissait de santé, de couleur et de naturel... Soleil, toi sans qui les choses ne seraient que ce qu'elles sont.

Ils se mirent à parler politique. Les trois quarts de la conversation m'échappaient complètement. Un fils d'une trentaine d'années, blessé à la tête pendant la guerre, parlait d'un certain de Gaulle, dont le nom petit à petit s'inscrivait dans mon horizon ; la mère sans âge tricotait sans arrêt des écharpes pour ses œuvres, elle tricotait avec de la laine kaki, sans doute pour reconnaître ses pauvres à la sortie de l'église, qu'elle était la seule de la famille à fréquenter. La plus jeune des enfants était une jeune fille d'une vingtaine d'années qui doit

1. Le premier self-made man.

être, aujourd'hui, restée assez disgracieuse et dont curieusement, plus de cinquante ans plus tard, le prénom me revient : Mireille. Elle préparait une licence d'anglais, ce qui, sous Vichy, était relativement original.

Je sus qu'un troisième enfant battait la campagne, formule pudique, dans les années 40, pour évoquer le maquis. Il avait rejoint le Vercors, et, dans un raccourci superbe, le père de famille avait murmuré : « Mon cadet n'est pas le dernier de mes soucis. »

Nous devions, Gaspard et moi, rejoindre le curé et le père Queron chez le jardinier.

Le curé était seul, finissant une tasse de café. Le père Queron était parti faire boire et manger le cheval, équiper la charrette, et nous attendait au café voisin. Il était déjà sérieusement concerné par son foie — ce serait encore au cheval de faire office de navigateur. Le panier repas hissé et bien calé au fond de la voiture, nous avons entendu un bruit et ressenti une forte secousse : en reculant pour tourner, l'arrière avait touché un banc.

Bourré et superbe, le père Queron jura : « Je voudrais bien connaître l'enfant de salaud qui a garé le banc si près ! »

Je vous épargnerai l'intégrale de « Si Saint-Flour m'était conté », mais, jusqu'à Issoire, lieu choisi du pique-nique, plus de cent fois, le dialogue suivant s'était établi entre le curé et Ben Hur :

« Depuis que vous avez cogné, Queron, il y a comme un gros bruit.

— Un gros bruit qu'on sait d'où ça vient, c'est mieux qu'un petit qu'on sait pas. »

Quand le curé oubliait plus de dix minutes le bruit de la roue qui frottait sur le garde-boue, un de nous deux lançait : « C'est quand même curieux, ce bruit ! » et le père Queron partait au quart de tour.

Les fous rires nerveux de deux jeunes cons, ça aide à supporter dix-sept heures de carriole.

A Issoire, un convoi allemand qui devait transiter nous avait obligés à reprendre les raccourcis qui allongent, réservés aux vaincus.

C'est depuis cette balade tragico-comique que je considère l'Auvergne comme un des plus beaux pays du monde — et c'est un Breton qui vous le dit.

Tous les rêves ont une fin provisoire.

En flattant,
on ne peut pas à tous les coups faire fortune,
mais on peut manger tous les jours.

Si tu as la renommée,
pisse au lit,
on dira que tu as beaucoup transpiré.

« Vous faites de la radio depuis combien de temps ?

— Quarante ans.

— Et le *Pop Club* ?

— Depuis vingt-deux ans. »

Tous les jours, je travaille en m'amusant au bord de la nuit, à la limite de l'insolence souriante et de la décontraction apparente qui frise l'indifférence.

Privé de mon micro bien-aimé par deux interruptions « indépendantes de ma volonté », comme on disait sur les postes à galène, je l'ai toujours récupéré. Je suis le lézard vert de nos campagnes, qui préfère mourir que lâcher sa prise.

La première fois, je n'ai desserré la mâchoire que contraint et forcé, à la suite des événements hugolesques et courtelinesques soixante-huitards. Le micro, descendu sur les pavés, avait déserté les studios et frustré le bavard viscéral que j'étais.

Période étrange où seuls les professionnels de la parole en étaient privés, tandis que les mégaphones fleurissaient et tonitruaient à chaque carrefour.

Le micro-trottoir est né ce mois-là.

La seconde fois dura six mois ; « outrance » fut le mot employé par le sinistre grand commis de l'Etat qui prit la décision de me remercier. Et de s'en féliciter — la langue française est pleine de charme. Lourdé pour cause de gala de soutien aux grévistes de Bobino et du grand meeting syndical de la salle des sports de Rennes, je restai, aux sens propre et figuré, sans voix.

Syphilis, ma chienne, n'était sûrement pas étrangère à l'antipathie croissante que me portait ce grand petit chef. N'avait-elle pas, un soir, osé faire tout haut ce que tout le monde rêvait tout bas de voir faire : planter ses crocs mignons dans le revers du pantalon de son costume croisé trois-pièces, qu'une fine couche de pellicules nappait aux épaules ? Le geste de défense qu'il avait esquissé, afin de protéger ses mollets de directeur, fit tomber sur mon cocker doré et sur le marbre du hall de la Maison de l'O.R.T.F. une neige poudreuse qu'il ne devait jamais me pardonner.

Trois jours avant cet incident, un de ses adjoints zélés lui avait répété, sans la déformer, une de mes fines boutades : « Avec toutes les pellicules qu'il traîne derrière lui, il devrait plutôt s'occuper de télévision et nous laisser la radio. »

Le non-conformisme de radio vraiment libre du *Pop Club* irritait chaque soir les oreilles peyrefittiennes de mon ennemi intime. L'addition de ces maintes outrances — gala de soutien, meeting, appétit de Syphilis, plaisanterie pelliculaire dénoncée et liberté d'expression — m'en fit payer une bien plus lourde.

Paradoxalement, ces cent quatre-vingts jours de silence imposé devaient donner au saltimbanque que j'étais une dimension politique totalement imprévue.

Devant l'iniquité de cette décision prise par un seul homme, afin de protéger des protégés politiques, unanimes furent ceux qui, de la gauche à la droite, hurlèrent au scandale, de Simone Signoret à François Périer, de Madeleine Renaud à Françoise Sagan, de Danièle Delorme à Michel Foucault, de Jules à Claude Roy. Ils se réunirent pour dire ou écrire leur indignation réconfortante. Radotage et bavardage étant les deux mamelles de la sacro-sainte communication, cette histoire de publicité clandestine devrait faire partie de mes « rases », ma guerre de 14-18 à moi, et, pourtant, je m'aperçois en écrivant ces lignes que je n'en parle jamais plus.

Dans les premières pages de *Micro de nuit*[1], j'évoquais le désert de mes titres universitaires, de

1. Livre admirable de l'auteur, épuisé comme lui.

mes prix d'excellence, ne pouvant me vanter que de ce seul diplôme tardif, décerné « à l'unanimité des voix » : licencié de l'O.R.T.F. à quarante-trois ans. J'ajoutais : « J'y reviendrai dans ce livre. » Ne l'ayant pas fait à l'époque, j'y reviens aujourd'hui. Les événements étaient sans doute trop frais et l'averse, trop chaude. Quelque quinze ans plus tard, le dérisoire a pris le dessus, mon mordu de P.-D.G. a retrouvé son corps d'origine, couvert de pellicules, et moi, le mien, la radio, couvert de dettes.

Ce fut mon triomphe de bouc émissaire. Un triomphe dont je me serais bien passé. Je n'ai jamais été bachelier, ne fût-ce qu'un jour ; j'ai été licencié six mois.

Dans la semaine où j'ai été lourdé de l'O.R.T.F., les « incorruptibles » sont revenus à la télé. Depuis, ils cassent, tous les samedis, des litres et des litres de whisky, pour essayer d'effacer la tache de vodka que j'ai laissée sur la table d'écoute du *Pop Club*.

Francis Blanche m'a écrit un mot, le jour de mon éviction : *Ce Pop russe peu orthodoxe, cette sanction peu catholique a permis à tous tes amis de se retrouver protestants... Alléluia... !*

Fiat Guy Lux.

J'ai reçu un télégramme que je soupçonne encore aujourd'hui d'être apocryphe : *Cher José, un innocent condamné est l'affaire de tous les honnêtes gens*. Signé : *La Bruyère*.

Tous les journaux de l'époque avaient annoncé

la mise à mort d'une supervedette. J'avais beau être très mégalo, je ne m'étais pas senti visé par les titres de la presse.

Minute : « La disgrâce et le limogeage d'un Marcillac, d'un Guy Lux ou d'un Pierre Sabbagh. »

L'Aurore : « Une tête va tomber, celle d'un populaire producteur-présentateur, qui fera pas mal de remous dans les foyers téléphiles. »

L'Express : « Une vedette — les téléspectateurs perdront, sans doute, une de leurs vedettes préférées, un présentateur très connu. Producteur indépendant. Il serait interdit d'antenne pendant plusieurs mois. Il anime une émission très populaire, ce qui n'est pas sans poser quelques problèmes. »

La Une des hebdomadaires affichait une silhouette-robot avec un immense point d'interrogation à l'intérieur, ne me ressemblant pas du tout. Vraiment, tout le monde parlait de Guy Lux et pensait à Raymond Marcillac.

La merde
a toujours fait rire ceux qui ne sont pas dedans.

L'annonce de mon renvoi provoqua un tollé général dans la presse. On nageait en pleine chasse ouverte à la publicité déguisée, celle que l'on nomme « clandestine » et qui périodiquement revient, tel le monstre du loch Ness ou le mariage de Mireille Mathieu.

Le gouvernement, alerté par quelques excès ou voulant cacher derrière cet arbre une forêt de scandales, avait nommé une commission, une de plus, présidée par le sénateur Diligent, au nom prédestiné pour un vilain rapporteur d'une grosse commission. Cela, bien sûr, au nom d'une campagne téléguidée par quelques députés et sénateurs en mal de démagogie.

Dans les moments les plus délicats de ma vie, je ne peux m'empêcher de blaguer. Je mourrai, si j'en ai le temps, en essayant de faire rire la mort et les autres.

Je faisais l'objet d'un dossier accusateur, épais de deux feuillets, me reprochant d'avoir parlé de la vodka à l'antenne, en direct de Moscou, et d'avoir célébré, au retour, l'amitié franco-soviétique. Les deux feuillets du dossier en question se composent d'un ordre de mission de la direction de l'O.R.T.F., libellé ainsi :

Objet : émission *Pop Club*.

Lieu de la mission : Leningrad-Moscou.

Départ : le 12 juin 71, à 9 heures.

Retour : le 17 juin 71, à 12 h 5.

Pays de destination : U.R.S.S..

Arrivée : le 12 juin 71, à 15 heures.

Départ : le 17 juin 71, à 10 h 10.

Durée effective de la mission en territoire étranger : cinq jours.

Moyen de transport : avion. Voyage offert par le Syndicat des importateurs et distributeurs de vodka russe.

Etrange réaction d'un directeur, reprochant à son envoyé spécial de parler du sujet même de son reportage, commandé par sa propre direction. Si on va à Montélimar, on a le devoir de parler de nougat...

Lorsque je fus convoqué au Sénat, devant un superbe tapis vert de rage, les premiers mots entendus furent : « Vot' cas m'intéresse. »

Je me surpris à répondre : « Quand vous voulez, j'en ai deux bouteilles à la maison. »

Le climat était créé.

Pendant tout le temps que dura cette audience au tribunal, la gêne de ces juges improvisés était tellement évidente qu'à la fin c'est moi qui les consolai de la tristesse de leur métier.

J'ai appris la décision ubuesque de mon limogeage à 2 heures du matin, chez moi, par un émissaire apitoyé mais frétillant du scoop. Je ne sais si vous avez remarqué le plaisir qu'ont les gens à vous annoncer un deuil aussi bien qu'une naissance. L'important, c'est d'être le premier à le faire.

Nous étions, en 1971, un groupe de copains — Lucien Rioux, Denise Glazer, René Bourdier, Claude Villers et moi-même — à assurer collégialement la direction des programmes du music-hall Bobino, que la mort de Félix Vitry avait laissé sans âme. Nous étions en train d'établir une programmation de transition avant le retour de Georges Brassens, sauveur providentiel et fidèle de la trésorerie de ce petit bijou assassiné qu'était Bobino. Ces réunions de travail avaient lieu chez moi, de 1 heure du matin à 3 heures, seul créneau qui nous restait dans nos emplois du temps respectifs.

Une fois la bombe posée et le monsieur qui me voulait du bien parti, leur consternation égala ma stupeur, mais leur chaleur humaine m'aida à attendre l'aube d'une nuit bavarde, elle aussi.

Pendant deux jours, Kafka éclipsa Courteline.

Des pigistes de journaux planquaient en bas de chez moi ; les coups de téléphone bloquaient ma ligne, un correspondant anonyme me conseillait d'inspecter ma voiture avant de démarrer ainsi que mes poches de manteau avant de le reprendre d'un vestiaire public. La mode étant aux doses de drogue glissées dans les poches ou la voiture des gens qu'on voulait coincer, dans la tradition des pigeons voyageurs folkloriques prétendument découverts dans le coffre du véhicule de Jacques Duclos.

Cela paraît aujourd'hui risible ; à l'époque, c'était, hélas ! plausible.

Jacques Chaban-Delmas, alors Premier ministre, me fit dire par une jeune femme charmante qu'il était vraiment désolé de ce qui m'arrivait, mais que, dans le contexte du moment il ne pouvait, en aucun cas, désavouer un grand comique de l'Etat.

Invité de toute part, aidé pécuniairement par la majorité de mes confrères, pressé d'interviews, convoqué au Sénat par des juges diligents eux aussi, aidé par mes amis, réconforté par la profession entière — Maurice Siégel d'Europe 1 et Roger Kreicher, de R.T.L., en tête —, je fus soutenu par toute la presse quotidienne et hebdomadaire, du *Figaro* au *Canard enchaîné*, d'*Hara-Kiri* à *La Croix*, par Jean-Paul Sartre jusqu'à Eugène Ionesco. Pierre Viansson-Ponté, dans *Le Monde*, écrivait : *On évalue à vingt-cinq millions, au moins, les récepteurs de radio en service, et France-Inter se classe en tête des indices d'écoute ; que dire de la popularité des Sabbagh, Jammot, Marcillac, De Caunes, Bellemare, de José Artur et d'autres vedettes des ondes ! Quant aux députés, ce sont des jaloux, ils ne rêvent que d'abattre des gens trop connus qui les dissimulent, eux, au regard du public.*

Ayant refusé d'être le nègre du cardinal Daniélou, je quittai Paris à destination de Dakar, décidant de transformer mon chômage forcé en six mois de vacances, mot absent de mon vocabulaire depuis quinze ans.

Je décidai d'apprendre une langue étrangère. J'hésitai entre le russe et l'arabe ; finalement, j'optai pour le belge.

Je décidai de partir avec Zsa-Zsa Gabor ; finalement, j'emmenai ma femme.

Je décidai de faire du sport ; finalement, je m'abonnai à *L'Equipe*.

Je décidai, enfin, de maigrir de quatre kilos ; finalement, je changeai de tailleur.

Il est fréquent d'entendre les gens dans la merde dire : « A l'annonce de mon limogeage, personne ne m'a plus salué, le téléphone est resté muet. Au théâtre et au concert, je me suis retrouvé au deuxième balcon, et mes services de presse ont cessé comme par enchantement. »

Pour ma part, je m'inscris en faux. Jamais je n'ai été sollicité, chouchouté autant que pendant cette « traversée du désert ». Même si vous êtes assez vicieux pour croire que, parmi ces gentils, certains ne me sachant que blessé, et non pas mort,

L'AFFAIRE JOSÉ ARTUR

Lettre ouverte à Jean-Jacques de Bresson

Directeur général de l'O.R.T.F.

Monsieur le Directeur général,

Il n'appartient pas aux soussignés de porter un jugement sur la sanction qui frappe José Artur (animateur de « Pop' Club ») et qui semble relever de la discipline intérieure de l'Office. Mais, puisqu'il est question, semble-t-il, de « publicité clandestine », nous nous devons de porter à votre connaissance quelques agissements du même José Artur durant les sept années pendant lesquelles il a animé « Pop' Club ».

Nous pouvons prouver qu'il s'est servi du micro de France-Inter pour faire de la « pub » à des produits que nous nous sommes obstinés à lui fournir dans des moments où l'écoulement n'en était pas des plus aisés. La liste en est longue, nous avons choisi au hasard :

La voix d'un musicien grec en grand danger de mort pendant l'été 1967, diffusée à outrance jusqu'à ce que son nom, Mikis Theodorakis, soit connu de tous, ce qui a probablement contribué à lui éviter d'être assassiné discrètement.

Les voix, pour la première fois en direct, de chanteurs inconnus qui s'appelaient Barbara, Joan Baez, Paco Ibañez, Robert Charlebois.

Une « rumeur d'Orléans » quand elle n'était encore qu'un murmure.

L'existence d'une certaine Angela Davis, en 1970, quand elle était un animal traqué.

La bande sonore d'un petit film à petit budget apporté par trois jeunes gens aux abois qui s'appelaient Claude Lelouch, Francis Lai et Pierre Barouh.

La Chine, qui était déjà « populaire », mais pas encore à la mode.

Un rapport sur la prison de Toul fait par un psychiatre, Edith Rose, dont la diffusion a ému la France entière et a contribué à amorcer une révision du système pénitentiaire.

Des petits groupes de comédiens pratiquement ambulants avant d'avoir trouvé leurs « cafés-théâtres », tellement à la mode aujourd'hui.

Une Amérique latine sans les sambas.

En résumé, tous les produits artistiques, sociaux, mondiaux ou tiers-mondiaux, qui, à une certaine époque, étaient dans l'impossibilité matérielle de s'offrir un attaché de presse.

Nous pensons donc, aujourd'hui, qu'en faisant la promotion de tels produits, c'est à la liberté de pouvoir s'exprimer au micro de l'O.R.T.F. que José Artur, finalement, faisait de la publicité clandestine caractérisée.

Nous espérons, Monsieur le Directeur général, que les signataires de cette lettre vous inclineront à décider que cette publicité-là reste valable sur les antennes de l'O.R.T.F. et que nous la réentendrons très bientôt par la voix de José Artur.

Veuillez agréer, Monsieur le Directeur général, l'expression de nos sentiments distingués.

Jean-Louis Barrault, Georges Brassens, Costa-Gavras, Claude Chabrol, Régis Debray, Gilles Deleuze, Danièle Delorme, Suzanne Flon, Michel Foucault, professeur au Collège de France, **Bernard Haller, Eugène Ionesco** (de l'Académie française), **K.S. Karol, Joseph Kessel** (de l'Académie française), **Claude Mauriac, Jean-Pierre Melville, Yves Montand, Mᵉ Albert Naud, François Périer, Pierre Perret, Serge Reggiani, Madeleine Renaud, Yves Robert, Jules Roy, Jorge Semprun, Simone Signoret, Mikis Theodorakis.**

pensaient qu'un Artur peut toujours en cacher un autre et tablaient sur mon retour reconnaissant, je lève mon verre de vodka russe et d'importation à leur santé.

Le tout fut couronné par une lettre ouverte dans *Le Nouvel Observateur,* qui me sert depuis de Légion d'honneur.

N'ayant, donc, rien à faire à Paris que regarder les autres travailler, je m'embarquai sur le paquebot *Renaissance* vers le Sénégal, où dans chaque famille on se souvient encore de la France, de sa guerre de 14-18, et de Verdun.

Après un mois passé à ne pas arrêter de ne rien faire, nous avons été débarqués, Zsa-Zsa Gabor et moi, à Marseille. J'ai acheté les journaux. Coïncidence troublante : le président du conseil d'administration, de Leusse, et le président-directeur général de l'O.R.T.F., Jean-Jacques de Bresson, mes liquidateurs, avaient été débarqués, et le Premier ministre, Jacques Chaban-Delmas, avait été remplacé. Innocent, condamné par eux, tel un Dreyfus de pacotille, je n'éprouvais aucune satisfaction particulière, mais j'achetai tout de même cinq exemplaires du journal, dont un trône encore, encadré, dans ma salle de bains.

La comparaison avec Dreyfus, martyr de la saloperie inhumaine des antisémites, s'arrête là. Je n'avais pas jugé mes petits juges à ce moment, car j'étais abasourdi par l'absurdité, mais, aujourd'hui, il m'est plaisant de taquiner le requin.

Au Parlement, le mercredi 10 mai est décidément une date importante. Jacques Charmant-des-Masses, Premier ministre, tresse laurier sur laurier à l'adresse de mes deux Fouquier-Tinville de carnaval et de l'O.R.T.F., les remercie de la sanction infligée à ma pomme, les félicite d'avoir fait leur devoir, en chargeant ce pelé, ce galeux d'où venait tout leur mal.

Le jeudi, le gouvernement se fait attaquer de toute part. M. Chandernagor, socialiste, interroge : « Dans l'affaire de l'O.R.T.F., où sont les vraies responsabilités ? Vous avez dit que la direction de l'Office avait fait ce qu'elle avait à faire. De même que le gouvernement ? En définitive, je vous demande, qui est responsable ? »

Si j'avais été là, je me serais levé pour dire : « Moi », mais j'étais sur le bateau. M. Poniatowski écrit dans *L'Economie,* le journal des Républicains indépendants : « Le gouvernement aurait consolidé fortement sa position, sa crédibilité, en suspendant M. de Bresson... »

Etant encore en mer pour quelques heures, je n'ai pas pu crier : « Vas-y, Ponia, tu les auras ! »

Vendredi, à 15 heures, MM. de Leusse et de Bresson, les bateliers de la vodka, se retrouvent en réserve de la chose publique. Six semaines plus tard, Jacques Chaban-Delmas, homme très adroit et d'ouverture, cède donc sa place de Premier à M. Messmer, homme très à droite et de verrouillage. Ils étaient tous, à leur tour, devenus des lampistes de luxe.

Je me suis offert celui d'envoyer par télégramme

à Matignon le texte suivant : *Désolé de ce qui vous arrive, mais vous comprendrez aisément que, dans le contexte actuel, je ne puisse, en aucun cas, désavouer un grand commis de l'Etat.* Sur les murs des couloirs de l'O.R.T.F., une énorme inscription m'avait réjoui. RIVES HENRY[1] TOUJOURS DÉPUTÉ. JOSÉ ARTUR TOUJOURS DÉPITÉ.

J'ai repris mes activités trois semaines plus tôt que prévu, grâce au socialiste U.D.R. Arthur Comte, devenu P.-D.G. du palais Gruyère.

Payé à la semaine, inutile de préciser que j'étais au guichet de la caisse à la première heure. Surprise très désagréable : rien à mon nom. Le lendemain, rien. La semaine suivante, rien. Je m'inquiète et réclame. Courteline, toujours lui, me précise par la bouche d'un sous-fifre que, mon renvoi étant, à l'informatique, programmé pour une durée de six mois, jour pour jour, la machine à sous refuse mon matricule. Il est impossible de la déprogrammer. La direction cherche un moyen de me faire payer sur un autre poste des dépenses. Taxis, location de voiture. Fourniture de papier cul. Tous ces expédients se révèlent, Dieu merci, négatifs. J'achète à crédit l'entrecôte de mes enfants affamés de justice.

1. Ancien député, condamné dans une affaire de carambouillage

Avant ces vacances sur le sable, dans les deux sens du mot, j'avais déjà eu maille à partir avec ma volonté de liberté d'expression.

En 1960, j'avais été mis à pied trois jours, par un homme remarquable, lui, Paul Gilson, pour avoir passé *La Colombe* de Jacques Brel pendant la guerre d'Algérie. Je programmais cette chanson superbe à toutes mes émissions, à l'intention des appelés du contingent.

J'avais reçu un coup de téléphone me « déconseillant fortement » de continuer mon œuvre de démolition du moral de l'armée *(sic)*.

Non seulement je suis passé outre, mais je faisais suivre l'audition du disque incriminé de l'enregistrement du coup de téléphone de la direction que j'avais conservé.

Aujourd'hui, cet interdit paraît incroyable. Censurer *La Colombe*, de Brel, à la radio pour le moral des troupes et la jupe mini de Noëlle Noblecourt à la télévision pour la morale des croupes relevait de la bêtise universelle.

La deuxième fois où j'avais été engagé à rester chez moi — quelle bonne formule ! — est liée au putsch d'Alger et à son quarteron félon. Le général de Gaulle avait revêtu son uniforme, et c'était moi qui devais porter le képi — à la suite d'un malentendu que je me plais à raconter souvent.

En deux mots : le Général parle. France-Inter rediffuse toutes les heures le message, qui s'adresse aux soldats dans leur chambrée. Etant à l'antenne, je découvre, au cours du *Journal parlé*, cette obligation. Je vérifie en catastrophe le programme des disques prévus. Je m'aperçois que le 45-tours qui suit s'intitule : *C'est un homme terrible,* par Edith Piaf. Je dis au technicien, dans l'interphone, de mettre le disque suivant, un orchestre anodin. Il se trompe de plateau et j'entends, collé à la voix de Charles de Gaulle, chef de l'Etat, *Un général à vendre,* par Francis Blanche...

Je n'ai pas eu à attendre longtemps. Le coup de téléphone est arrivé avant la fin de la chanson. Un homme qui se croyait sous-directeur ouvrait son parapluie avant l'orage.

Mais le plus grotesque de l'histoire : j'ai rencontré, depuis, un des plus proches collaborateurs du Général, qui m'a confié avoir reçu un coup de fil de l'O.R.T.F. le mettant au courant et lui affirmant avec servilité que toutes les sanctions avaient été prises. Personne, au palais de l'Elysée, ne s'en était soucié. Nul n'avait demandé mon renvoi.

On peut donc être, à la fois, un vrai con et un faux cul. Les petits chefs dégarnis une fois de plus s'étaient couverts. Les parapluies dans l'audiovisuel sont parfois de véritables chapiteaux de cirque. En revanche, je n'ai pas eu le moindre ennui en pastichant dans *Table ouverte* le discours fameux du Général : « Français, Françaises, si j'ai revêtu mon uniforme, c'est parce que ma femme, prise de court, n'est pas allée récupérer mon costume croisé chez le teinturier... » Si l'autocensure fait plus de dégâts que la censure des pouvoirs en place, la pire de toutes, car c'est la plus sournoise, reste la censure économique des postes privés. Sur toutes les radios, l'Etat peut s'octroyer parfois un droit de regard. Les périphériques doivent supporter, en plus, le droit de ringard, celui des annonceurs publicitaires qui permettent à ces postes de payer l'auditeur plus cher que les animateurs.

En février 1981, une auditrice, Mme Che..., touche 11 millions de francs anciens sur R.T.L. Nino Ferrer remet, quelque temps après, une somme identique à une concurrente. France-Inter, avec ses pauvres sous, a été plusieurs fois tenté, lui aussi, de payer les gens pour qu'ils écoutent : « Pour 1 million de centimes, pouvez-vous, madame Dugenoux, me dire si la femme du roi Louis XVI a été brûlée vive à Rouen et pouvez-vous me donner son nom ? » Je ne sais ce que vous en pensez, mais je trouve cela humiliant, pour le poste, pour l'auditeur, pour Marie-Antoinette et pour Jeanne d'Arc.

Quand je travaillais dans une agence de publicité, je rédigeais les questions de jeux destinés au grand Europe 1 de Louis Merlin, de Lucien Morisse et de Pierre Delanoë. Avec le poète André Frédérique, nous cherchions des idées de colles à poser aux concurrents des émissions *Toute la ville joue* ou *Le Championnat des supporters*. La ville gagnante recevait une somme énorme pour l'époque.

Nos quotients intellectuels associés avaient,

notamment, pondu cette géniale question : « Pouvez-vous nous citer dix mots, de langue française, finissant par un s au singulier ? »

Dans un suspense insoutenable, la dame charmante commence par : Jadis, vis, gras, glacis, pénis, radis, treillis, gibus, autobus... » Elle s'arrête, panique, se bloque, et très gentiment se tourne vers Maurice Gardett, animateur de l'émission, et lui murmure, regardant le chronomètre en bout de course : « Je n'en vois pas d'autres, hélas !

— *Hélas !* Bravo, madame, vous avez gagné ! »

Cette anecdote rigoureusement authentique est devenue par la suite plus cocasse, moins correcte, et reprise par les humoristes.

« Madame, pouvez-vous, pour 200 francs, nous dire la phrase que la reine Elizabeth a dite au prince Philippe, la nuit de ses noces ?

— Euh... Euh... Je ne vois pas... Euh.

— Allons, madame, cherchez...

— Euh...

— Le temps s'est écoulé... Il me faut absolument une réponse...

— Non, je ne peux plus, tant pis... Je l'ai dans le cul.

— Bravo, madame, vous avez gagné ! »

La bêtise est aussi dangereuse en temps de paix que les nazis en temps de guerre.

Il faut se méfier quand la Diète polonaise met les bouchées doubles.

Il n'y a pas qu'à l'antenne qu'on s'amuse. Dans mon métier, il se passe des choses étonnantes dans les bureaux de l'administration de la radio. Le démantèlement de l'Office n'a rien changé à la cuisine ni au folklore. Quand j'invite à déjeuner en festival un réalisateur, un peintre, une comédienne ou un acteur, avant l'émission, je remets au retour ma note de frais, en précisant le nom de mon invité — citons le cas de Jules Roy. Je sais que vous aurez du mal à le croire, mais la note du restaurant est remontée du service en question avec, écrite en marge, cette phrase biblique : « Etiez-vous à table avec votre invité ? Si oui, marquez-le. »

J'ai répondu oui.

On m'a envoyé une note de service m'indiquant que des 480 francs de l'addition en litige avaient été déduits mes 60 francs d'indemnité repas. L'administration concernée n'était pas méchante. Elle ne pouvait pas faire autrement.

L'humoriste a bien raison de préférer un

méchant à un imbécile. Le méchant, lui, se repose de temps en temps.

Un journaliste de mes amis s'était vu défalquer de ses frais de mission six repas à 56 francs et cinq nuits d'hôtel à 160 francs durant son séjour au Liban : il avait été arrêté et donc logé et nourri gratuitement pendant trois jours. Que Dieu nous protège des cons !

C'est aussi grand que l'administration qui, dans les débuts du *Pop Club,* nous refusait un tourne-disque dans notre bureau, déclarant péremptoirement : « Ces garçons ne vont tout de même pas faire de la musique pendant les heures de travail ! »

Il faut reconnaître que ces administratifs auraient très bien pu s'occuper des douanes ou de l'E.D.F. et qu'ils ont parfois du mal à accepter et à comprendre ces saltimbanques qu'ils entendent dire sérieusement s'être mis en quatre pour faire un « son seul ». Ou affirmer que, pour le film d'Ettore Scola *La Nuit de Varennes,* ils ont réussi à interviewer les pieds de Louis XVI et de Marie-Antoinette, et qu'il faut les payer, ces pieds, qui ont forcément des propriétaires, appelés acteurs.

Comme dans toutes les grandes administrations, à la radio aussi, de temps en temps, d'importantes décisions sont prises. Des notes de service fleurissent. Un incendie éclate dans un dancing, et l'interdiction de fumer resurgit du fond de la blague à tabac. Aussitôt, par magie, arrivent des cendriers tout neufs dans les studios, où il est justement interdit de fumer.

On laissait dormir dans de mystérieuses réserves du matériel d'enregistrement tout neuf, acheté dans l'année, et on se servait de magnétos portatifs, plus ou moins essoufflés, parce que les six ou sept années d'exploitation nécessaires à leur amortissement commercial n'étaient pas encore écoulées.

Tous les deux mois, environ, une manifestation populaire, une délégation syndicale, menace d'alerte à la bombe, ou tout simplement de filtrage de routine aux portes de la Maison rendent les gardiens plus vigilants. Ils demandent les cartes professionnelles et font attendre les visiteurs jusqu'à plus ample information, ce qui est tout à fait naturel, mais... Au cours d'une de ces journées de triage de crabes, je me présente à la porte de notre chère Maison close. Le préposé, que je connais depuis des années, me salue.

« Bonjour, José Artur, vous allez bien? Vous avez votre carte? »

Je crois qu'il blague et répond négativement.

« Alors, je ne peux pas vous laisser passer.

— Téléphonez à Courteline, il est au courant.

— Je n'ai pas son numéro de poste et j'ai des ordres très stricts. Je dois voir votre carte. »

Il y a quinze ans, je lui aurais écrasé l'orteil droit. Ce jour-là, je lui ai donné un porte-clés en lui disant qu'il avait du génie. Il a laissé passer celui qui n'en avait pas.

Très récemment, à juste titre, hélas! les autorités, devant l'abomination des assassinats ravageant Paris, non seulement exigeaient la carte d'identité à l'entrée de la grande Maison, mais interdisaient même au chaland, momentanément, l'accès aux émissions publiques.

Ces mesures, dans le cas présent totalement indispensables et acceptées par l'ensemble du personnel, se trouvaient encore une fois en parfaite contradiction dans leur application : dans le studio vide de public, je continuais à recevoir mes vingt ou trente invités, à qui on avait effectivement demandé leurs papiers, mais plus de la moitié, porteurs de mallettes de disques, ou de sacs à main plus ou moins volumineux, n'avaient subi aucune fouille. De quoi faire sauter tout le quartier... Evitez, messieurs les cerbères, d'exiger les papiers d'identité d'Yves Mourousi entrant à Cognacq-Jay, et soyez plus curieux des sacs chargés de mystère et de grenades en fleur.

Dans le métier d'homme public, il n'y a pas besoin de l'état de guerre pour être agressé.

Pour avoir osé dire que je n'étais pas amateur de films pornos, à l'issue d'une interview avec une Miss Fesse quelconque, j'ai été mis K.-O. par un loubard aussi paumé qu'imbibé. Il m'a déboîté la mâchoire que je lui tendais avec mon oreille attentive, croyant avoir affaire à un de ces solliciteurs quotidiens et timides qui hantent à voix basse les coulisses des émissions publiques. J'ai retrouvé mes esprits et ce qui me restait d'humour vers 2 heures du matin, à l'Hôtel-Dieu, où mon cas fut jugé par les internes de service intéressant certes, mais moins urgent que celui d'un homme ayant un trou béant dans le bras. Aux questions précises que posaient à ce dernier les agents et les toubibs sur cette blessure par balle, il se bornait à répondre : « C'est rien, je jouais aux cartes.

— Qui vous a fait ça ?

— Je sais pas.

— Avez-vous vu le tireur ?

— Non, j'avais un brelan, je ne voyais que ça. »

Son indifférence à la douleur, son obstination sereine à n'avoir rien à déclarer inspiraient le respect.

Ne pouvant me faire soigner, et la routine reprenant le dessus, j'interviewai avec la bouche fracassée à la Robespierre le préposé aux entrées du service des urgences, et j'appris que la nuit de pointe pour les blessures dues aux rixes est celle du vendredi au samedi. Certes, les balles du vendredi soir n'ont pas encore détrôné les bals du samedi soir, mais il est certain qu'on a plus envie de se revolvériser ou de se poignarder entre copains si l'on n'a pas à se lever tôt le lendemain matin.

Mon ex-femme, la vingt-septième depuis ma puberté, s'est révélée une vraie lionne. Défendant son bifteck, elle a griffé, mordu mon agresseur, jusqu'à ce que les agents le cueillent et le mettent en cabane pour le week-end. Muriel Hess et Jean-Luc Blain, mes assistants, ont été de vraies épées.

La rééducation de mes zygomatiques tuméfiés a été moins pénible que celle de mon genou de skieur, déboîté, lui aussi, à Valmorel. Elle a surtout été beaucoup plus rapide, car il ne s'agissait pas de pédaler, mais de mâcher et d'avaler, exercices pour lesquels je suis extrêmement doué.

En vingt-deux ans d'émissions publiques, nous avons aussi eu droit, mes équipes et moi, à la visite d'un peintre fou, Tyko.

Il me suppliait tous les soirs de partir avec lui pour Rome, afin de sauver le monde. Il avait l'accord du souverain pontife (*sic*), de la reine d'Angleterre Elisabeth, et de Louison Bobet (*resic*). Il arrivait au *Pop Club* en légionnaire romain. Son armure et son glaive faisaient un tintamarre épouvantable au micro, et ses délires, réjouissants un instant, laissaient percer une immense désespérance. Il s'est suicidé presque en direct, après m'avoir donné un portrait de Brigitte Bardot peint au minium. Une folle s'est assise, dix jours durant, en face de moi, sans dire un seul mot, me fixant trois heures, applaudissant uniquement aux informations de 23 heures et de minuit. Ce sont des infirmiers qui sont venus la chercher un soir. Elle s'était échappée d'une maison de repos. Dans sa chambre, il n'y avait que des photos de moi, la tête à l'envers.

Le soir de l'agression du fils de David Rousset, j'avais exprimé ce que je pensais des méthodes expéditives du groupe Occident et de la violence, en général. Le lendemain, le Bar noir, où se déroulait l'émission, fut investi par une vingtaine de jeunes énervés, entrant un par un et se mettant debout au bar. Mon œil de « gardien de l'antenne » les avait repérés ; avant que je puisse faire prévenir la sécurité, ils sortaient de sous leur imperméable une longue matraque, prétendant tout casser. N'ayant plus rien à espérer que le moins de points de suture possible, je décide d'adopter la méthode Confucius améliorée Louis XI. Attaquer le premier par la parole et diviser pour régner. J'avais le micro, arme absolue dans le brouhaha[1].

« Quel est le moins con parmi vous ? Avant de vous mettre au travail avec vos arguments contondants, j'aimerais interviewer l'instigateur de ce commando de la joie.

— Ta gueule, connard !

— Vous vous plaignez de ne jamais avoir la parole sur France-Inter ou ailleurs, je vous l'offre. »

Le petit Jésus existe : ils ont accepté — sans cela, je ne serais peut-être plus là pour narrer la chose.

Il y a six ans, cette méthode a de nouveau prouvé son efficacité, à Villeurbanne, au T.N.P. de Roger Planchon. Elle a permis d'éviter une prise d'antenne collective par des étudiants excités et menaçants, sortant d'une manif musclée où les flics avaient outrepassé leur droit de matraquage.

Ces étudiants avaient raison à leurs propres yeux

1. J'adore ce mot d'origine latine qui se termine en éclat de rire.

et tort aux miens. J'ai appliqué la même recette : trouver le leader, l'isoler de la masse qui se cotise pour comprendre, et lui donner l'importance qu'il mérite mais pas plus.

Si les terroristes avaient des dons d'orateur et des micros, ils poseraient moins de bombes.

Un membre du S.A.C. agitait sa carte, refusait de sortir du studio, était ivre mort, menaçait de tuer tout le monde, et se vantait sans cesse d'avoir de très hautes relations. Arrêté par le service d'ordre et fouillé, il portait un poignard dans sa botte et un pistolet... de service, disait-il.

Un de mes amis techniciens, Charles Piatkovsky, a fait huit jours d'hôpital : afin de remettre le couvercle des appareils de prise de son, il avait simplement déplacé d'un fauteuil sur l'autre le manteau d'un spectateur. Ce dernier se révéla être un dangereux maniaque : il bondit sur lui et l'étendit pour le compte. Il fallut un car de flics pour l'arrêter : il s'était réfugié dans l'angle du bar avec le goulot d'une bouteille cassée dans chaque main... et sentait l'éther à trois mètres.

Pour avoir « déparlé », une fois de plus, et déclaré qu'on trouvait en 1968 de moins en moins de gens osant dire à haute voix qu'ils étaient d'extrême droite, j'ai eu la visite de deux fils à papa, avocat du XVIe arrondissement et du même siècle, se mettant devant une table au garde-à-vous, raides comme une saillie.

« Vous n'avez, paraît-il, jamais vu de gens de droite, en voilà deux et qui en sont fiers.

— Eh bien, c'est très bien, mes enfants, il en faut, surtout en ce moment. C'est très gentil, tout ça. A quelle heure vous couche-t-on ?

— Vous êtes un danger pour la société, un être irresponsable, on va écrire à votre directeur.

— Ça tombe très bien. Un timbre d'économisé. Le directeur, c'est lui. »

En effet, Roland Dhordain venait fréquemment entre deux divorces, le soir, et s'asseyait quelque temps sur la banquette à côté de nous. Il les a félicités pour leur courage, engueulés pour leur provocation naïve. Je leur ai offert un pavé de la rue Gay-Lussac, et, deux jours après, je recevais un mot d'excuse du papa, qui avait tout entendu à la radio : le micro était resté ouvert pendant l'incident et il avait reconnu la voix de ses rejetons.

Nous avons regretté que Roland Dhordain ne soit pas là, ainsi que deux ou trois de nos amis musclés, le soir où nous recevions un orchestre bruyant, qui de toute façon continuera irréversiblement à prendre de la bouteille, Little Bob Story.

Fatigués par un voyage en camion, ayant trouvé un joint pour tenir le coup, deux musiciens du groupe s'étaient mis à boire du whisky, au goulot. Daniel Gélin, vieil expert, et Perrette Souplex étaient à mes côtés, et le bar, noir de monde.

Excédé par les hurlements et borborygmes de ces épaves sonores, je les prie gentiment de fermer leur gueule. Le petit Japonais imbibé et fumant fonce sur notre table, attrape le chandelier à cinq branches en métal argenté et me le lance à la figure tout allumé. Coincé derrière la table, je ne peux qu'éteindre la cire enflammée qui a éclaboussé mes invités et moi-même. Bernard Lenoir et quelques rares courageux essaient de maîtriser ce samouraï de Saint-Ouen ; cela dégénère en bagarre générale. Le centre de modulation des émissions entendant l'incident reprend l'antenne. Daniel Gélin, aussi drôle que calme, m'empêche de me lever, me disant d'un air sentencieux : « Ne jamais répondre à la provo. C'est justement ta réaction personnelle qu'il cherche, et, en plus, c'est le genre de mec qui déteste les gens qui n'ont pas les dents cassées. » En ancien combattant de la drogue, il apprécie l'état des agresseurs ; « Fumette plus amphétamines plus alcool plus fatigue égalent délirium... J'ai quelques souvenirs personnels précis. Tu l'incises n'importe où, il sort de l'alcool. »

Nous évitons depuis cinq minutes des objets identifiés qui volent à travers le Bar noir. Les auditeurs spectateurs sont sous les tables, où ils retrouvent quelques belligérants qui ont leur compte. Les techniciens protègent comme ils peuvent leurs magnétos et tourne-disques, jusqu'au moment où une canette de bière blesse Perrette Souplex à la nuque. Elle saigne abondamment, disparaît derrière le bar, transformé en hôpital de fortune. On se croirait dans *Autant en emporte le vent*, dans la scène de l'infirmerie improvisée.

Je profite de cette diversion pour échapper à mes

anges gardiens, et moi qui n'arrive pas à soulever autre chose que le coude, je balance une table dans la figure du Jap' qui avait la mort dans les yeux. Elle était lourde ; en fait de figure, il l'a prise dans le ventre. Bernard Lenoir avait pu saisir l'autre fou furieux par les épaules et lui faisait dévaler les escaliers. Tandis que la sécurité de la maison, comme la cavalerie américaine, arrivait. Plainte déposée, nous apprenions que ces deux membres du groupe étaient des récidivistes de la bagarre, imbibés pour le plaisir. Little Bob s'est, paraît-il, séparé de ces deux monstres.

Si Claude Villers avait sorti à coups de ventre le tuba de la Fanfare des Beaux-Arts, si Jean-Pierre, l'ancien barman du *Pop*, avait reconnu les méchants, ceux qui avaient du métal sur eux, comme il disait..., si ces deux compagnons de route avaient été là ce soir, alors Perrette Souplex n'aurait pas cette jolie cicatrice dans le cuir chevelu. Remplie d'humour et recousue, venant quelques mois après parler d'un club d'amour vénal qui venait d'ouvrir et de sa patronne, Mme Billy, la Fauchon de la quéquette, Perrette s'est présentée à la porte du studio avec un casque de motard sur la tête, un couvercle de poubelle en bouclier dans la main gauche et une bouteille matraque dans l'autre.

Groupés en quelques pages, ces incidents de parcours peuvent donner une impression de danger permanent aux portes de Beyrouth ; il n'en est rien. Echelonnées sur plus de cinq mille émissions du

Pop Club, sept hystéries collectives ou individuelles en vingt ans sont bien peu de chose, tout en restant chargées d'intensité.

La seule agression grave s'est passée chez moi, un dimanche soir : à l'heure exacte où l'appartement de Jean Dutourd sautait, la porte de ma modeste demeure et le triste paillasson qui va avec flambaient, communiquant le feu au palier, et la porte de mon voisin d'en face, Claude Villers, commençait elle aussi à cramer.

Heureusement pour l'immeuble, j'étais là en famille, avec mes deux chiennes couchées dans l'entrée. Elles détestaient le feu. Elles ont hurlé à la mort, je les ai engueulées. Une fumée dense se glissait sous la porte. Ma femme du moment a ouvert, les flammes atteignaient le plafond. Elle a couru dans la cuisine, pris la bassine d'eau qui se trouvait sur l'évier, l'a balancée sur le foyer, nous avons fait la chaîne et circonscrit le sinistre molotov qu'on rencontre vraiment de moins en moins dans les cocktails.

Quand les pompiers et les inspecteurs de police sont arrivés, ils ont examiné soigneusement les lieux. Les voyant de loin ramasser, très intrigués, de petits morceaux verts, j'entends un expert en bombinettes confier à son collègue : « C'est curieux, la présence de ces haricots éparpillés sur le palier, c'est la première fois... » Ma femme au foyer les a rassurés, leur précisant que c'étaient les légumes du dîner qui trempaient dans la bassine, la première qu'elle avait trouvée dans la cuisine.

J'avais reçu Jean Dutourd l'avant-veille à l'émission. Il est cultivé, intelligent, écrit admirablement le français, ce qui n'est pas le cas des *dynamiteros* en pantoufles revendiquant ce mini-attentat : *Ça t'aprendrat a recevoir des fachos.* »

Dans l'immeuble, la psychose de la bombe s'était si profondément installée qu'un soir, rentrant à pied de la radio, je trouve la rue bloquée, des pompiers partout, le service de déminage, les habitants des immeubles voisins tenus à distance par le service d'ordre. Et Claude Villers, toujours lui, avec son chien en laisse, supervisant les opérations. Tout cela pour un paquet ficelé pendu à la poignée de ma porte.

Il s'agissait de verres que j'avais trouvés jolis dans un restaurant, et le patron, très gentiment, m'en avait fait porter une douzaine par son commis. Trouvant porte close, le jeune homme avait accroché le paquet à la poignée. Le spécialiste démineur, caché derrière un bouclier, m'avait ouvert de loin, avec un très long couteau ciseau, sans casser un seul verre. C'est ma chienne qui s'en est chargée ; elle en a brisé deux avec sa queue pleine de gaieté, en me voyant. Le jour où elle s'est endormie définitivement, je lui ai passé du Mozart en souvenir du chien qui suivit seul le cercueil de ce génie, ingratitude humaine monstrueuse.

Imaginez qu'il n'y ait pas eu un chat à l'enterrement de Paul Léautaud et que pas un chien policier ne soit présent à celui de Pasqua...

Cette chienne, qui n'aimait pas les pyromanes ni

les P.-D.G. et qui cassait des verres à pied avec sa queue, était cocker de naissance et gold de pelage, ce qui est, paraît-il, très chic. Une de mes ex-femmes l'avait choisie parce qu'elle était assortie à son sac et à ses chaussures. Nous l'avions achetée dans un élevage du Midi, en remontant de Cannes. Elle empestait l'ail, dans cette voiture pleine à craquer de valises, de disques, d'enfants, de femmes et de soucis. Cette chienne minuscule prenait déjà une place énorme.

L'année de baptême des chiens imposait la lettre *s*. Le jeu classique avait commencé, les noms les plus inattendus effaçaient les kilomètres dans le rire et l'escalade verbale. Trouvant phonétiquement joli « Syphilis », et me récitant le sonnet d'Oronte dans *Le Misanthrope* « Si Philis désespère, alors qu'on l'espère toujours... », j'avais arrêté ce nom en même temps que la voiture, menaçant d'appeler cette boule de poils Salpingite si l'on me contrariait davantage.

Cet acte de despotisme familial et de provocation fantaisiste allait me faire vivre, dix ans plus tard, une des gênes les plus savoureuses de ma vie.

Je faisais le *Pop Club*, le soir, en public au Bar noir de la Maison de la radio, avant qu'on le casse pour en faire un bureau de plus. Ma chienne assistait à toutes mes émissions, assise sur la banquette, à côté de moi. Durant ces vingt années du *Pop Club*, l'une des deux contraintes les plus folkloriques a toujours été les dîners en ville et les spectacles en semaine.

Je dois quitter la table vers 22 h 30, juste avant la salade, pour vendre la mienne. Je ne connais plus, depuis des années, le cruel dilemme « fromage ou dessert ». Au théâtre, les administrateurs me donnent des places en bord de rang, afin de pouvoir sortir au cours du troisième acte, sans trop déranger. Quelquefois, je suis affreusement frustré de devoir renoncer à un beau moment d'art dramatique. Mais, le plus souvent, le regard d'envie, frisant la haine, que me jettent ceux qui n'ont pas de motif valable pour s'esquiver et doivent attendre, coincés sur leur fauteuil, la mort de Danton, ce regard de détresse m'apporte une jouissance à la limite de l'orgasme. Récemment, j'ai laissé une salle médusée, pétrifiée, laminée, aux prises avec un groupuscule de malfaiteurs relisant Artaud dans un décor d'Apocalypse qui était censé nous interpeller quelque part au niveau du vécu. Seul le mot quelque part était bien choisi : c'était chiant.

La seconde contrainte, plus physique celle-là, résidait dans le fait que, durant trois heures, mes interviews radiophoniques se suivaient sans interruption entre chaque disque. Je ne pouvais donc me laver les mains, c'est-à-dire faire pipi, que toutes les heures, au moment des informations. J'avais exactement trois minutes pour me frayer un passage à travers une centaine d'auditeurs présents dans le bar, agglutinés autour du micro, éviter les deux ou trois berniques bretons qui vous proposent leur dernier livre ou leur prochain spectacle. Donc, je file comme un zèbre, je descends un étage, j'officie, et remonte au même rythme dans la cabine des Marx Brothers. Chaque soir, ma chienne susnommée, s'apercevant plus ou moins vite de mon parcours du combattant et de mon absence, vient à travers jambes et mollets me rejoindre chez Vespasien (qui reste la plus grande multinationale du monde urétral). Elle assiste placidement à l'opération et remonte avec moi poursuivre l'émission.

Un soir, plus assoupie que d'habitude, ou plus distraite, elle ne s'aperçoit que tardivement de mon départ et me retrouve toute frétillante pendant une des plus grandes joies que l'homme puisse connaître. Je l'accueille avec des mots gentils, bêtifiant à loisir — tous les propriétaires de chien me comprendront : « Qu'elle est belle, qu'elle est jolie, ma Syphilis, c'est la plus belle que j'aie jamais vue... », tout en continuant à surveiller, les yeux baissés sur Jacob et Delafon, le bon déroulement des opérations en cours.

A cet instant sort des W.-C. fermés, un homme d'une soixantaine d'années ; il me regarde, ahuri et réprobateur. Gêné, on le serait à moins, je me retourne vers mon chien, afin de faire comprendre à cet auditeur le malentendu. Mais Syphilis était déjà remontée, et, toute ma vie, je me rappellerai l'air de pitié, de compréhension douloureuse de cet homme dont je pouvais lire les pensées. « Ces gens du show-biz, quelle misère intérieure, quelle déviation sexuelle, quels phantasmes dérisoires sont cachés derrière cette façade d'équilibre, de bonne humeur et de santé morale ! »

Le plus pénible fut, tout en continuant à travailler détendu, d'éviter son regard fasciné pendant les deux heures restantes du *Pop Club*. Du coup, j'ai appelé mon dernier cocker Mandarine et non Merde ou Ménopause.

Je me permets de vous donner un conseil, l'année où le nom des chiens doit commencer par la lettre *c*, appelez-le Comme-Vous.

Avec les mères chiens s'inquiétant de l'identité du clebs, vous pourrez établir le dialogue suivant :

« Comment s'appelle votre délicieux toutou ?

— Comme-Vous. »

La suite de l'entretien s'improvisant selon l'humeur de votre vis-à-vis.

Mon mainate répondait au prénom de Gaston, parlait le luxembourgeois couramment, s'habillait en noir sur un fond de bec jaune. Je l'aimais : il était courageux, grossier et raffiné à la fois. Tous les matins, la fille de la concierge montait le courrier. Elle me demandait du bas de ses six ans avec un accent espagnol : « Je veux voir le poulet qui parle. »

Tous les matins, elle lui donnait un grain de raisin. Il l'avalait d'un coup et piquait sauvagement la petite menotte de la petite fille de la petite concierge. Elle pleurait, et chaque matin, en souriant, elle sonnait avec sa petite main couverte d'ecchymoses et redemandait à voir son bourreau.

Ce remake de *Portier de nuit* a continué jusqu'au décès de Gaston.

Il est mort comme beaucoup de ses frères, accroché par les pattes à son perchoir. En Inde, même en liberté, ils meurent de cette façon. Il leur arrive de serrer nerveusement la branche sur laquelle ils se sont posés, et leurs serres devenues trop longues et recourbées les empêchent de se dégager. Ils battent désespérement des ailes quelques dizaines de minutes, et meurent d'une sorte de crise cardiaque.

Gaston ne me coupera plus la parole, il est mort pendant le festival de Cannes. Seul j'ai eu du chagrin.

Hitchcock a fait un tort fou à ce genre d'oiseaux carnivores qui adorent déchiqueter les mains des petites filles en criant des horreurs.

Cannes est pour moi la deuxième ville de France. Celle où mon émission compte le plus d'heures de présence après Paris. Comme disait Alice Dechavanne, avec nostalgie, « il y a peu, à Cannes, nous étions entourés de Majestés. Bientôt, il n'y aura même plus de Majestic, demain il n'y aura plus de plages privées. Tout le monde sera enfin sur le sable ».

La relativité des choses est plus évidente sur la Croisette qu'ailleurs.

Les Arabes pauvres construisent pendant trois ans des Gray d'Albion que seuls les Arabes riches seront en mesure d'acheter et d'occuper pendant trois mois ou trente ans. On ne peut savoir si les ombres entr'aperçues par les persiennes entrouvertes sont des princesses du désert ou des fatmas qui les attendent à l'ombre des palmiers de la Croisette.

Les premiers palmiers plantés à Cannes ont été importés, à prix d'or jaune, du Moyen-Orient. Les émirs d'aujourd'hui les rachètent à prix d'or noir, dans les pépinières de la Côte d'Azur, pour ombrager leur entourage dans leur château de sable.

Il y a plus d'un lustre je faisais le *Pop Club* au Palm Beach, et, le soir, après le turbin, je flânais dans les salles de jeu. Un personnage étrange faisait la loi aux tables de roulette. Il monopolisait une table, inondait le tapis de plaques, jouait le maximum par numéro, en plein, les chevaux, les carrés et la suite, hurlait *Andiamo !* au lanceur jugé trop lent, injuriait les autres joueurs qui tentaient de perdre gentiment leur argent. Il piétinait la chaussure la plus proche de lui, appelant avec force un numéro. Il posait deux plaques de 50 000 francs sur le cylindre pour couvrir le complet du numéro choisi en cas de victoire. Convention de complaisance que les casinos accordent aux très gros habitués. Si le dieu des fripouilles en col blanc le faisait perdre, il se précipitait sur le lanceur et lui tirait les deux joues en vociférant : *Stronso.* Si le hasard heureux le faisait gagner, il balançait, dans toute l'acception du terme, une plaque de 5 000 francs nouveaux au personnel. Tandis que la direction des jeux changeait souvent le lanceur aux joues fatiguées et bleuies. Ce forçat de la roulette allait renouveler sa provision de plaques à la caisse, où l'attendaient sagement deux de ses gardes du corps-secrétaires, enchaînés à une mallette bondée de « francs financiers », comme il se plaisait à clamer à la cantonade.

Les jours de scoumoune, devant le refus du casino de lui avancer le deuxième milliard de découvert de la soirée, il hurlait : « Je suis le seul à pouvoir éclairer 5 milliards de francs financiers liquides ici, dès demain matin ! »

Il avait une femme superbe, pailletée comme un arbre de Noël, changeant de parure chaque soir et s'ennuyant ferme à l'attendre.

Un frère soumis, deux secrétaires enchaînés, tout ce beau monde contrevenant à une des règles les plus strictes de la brigade des jeux, mirent un soir en danger le Palm Beach. Le plafond des enjeux étant le garde-fou des casinos, les inspecteurs des jeux traquent impitoyablement les associations délibérées de clients. Un soir, notre caractériel italien, se sentant en chance, posait ses plaques sur ses numéros privilégiés, aussitôt suivi par son entourage, qui, désinvoltement, recouvrait le maximum en plein, le jeu établi par leur despote de mari, frère et patron. Faites vous-même le calcul, le maximum de l'époque à la grande table le soir était de 3 000 francs nouveaux en plein par numéro. La masse à payer en cas de victoire était, sans compter les chevaux et les carrés, de 15 000 francs multipliés par 36, soit 54 millions anciens par coup gagnant, il y a près de vingt ans pour un risque relativement limité. Pour regagner sa villa, il se servait de deux Rolls à lui tout seul, montait dans une et, sur la corniche, changeait de véhicule par crainte d'un enlèvement.

Il avait, je crois, fait sa fortune en bétonnant la belle terre d'Italie. Aéroport et autostrada étaient ses deux mamelles. A un moment, il eut des démêlés avec l'Italie et est parti bétonner l'Amérique du Sud.

C'est à des gens comme lui que l'on peut penser en évoquant le scandale des autoroutes italiennes. Le kilomètre de voies était vendu à l'Etat, péage en main, un milliard de lires. Tout était parfait et lucratif, jusqu'au jour où une énorme firme automobile décida de tester un prototype de moteur. Il fallait une ligne droite d'autoroute terminée, mais pas encore en service.

Les deux meilleurs pilotes d'essai démarrent, poussent les moulins au maximum de leur puissance théorique, ils sont chronométrés par les ingénieurs sur le kilomètre absolu. Leurs performances sont telles que le test est renouvelé trois fois. Le fait se confirme. Il n'est mathématiquement pas possible de rouler à cette vitesse. Le moteur, à la vitesse enregistrée, devrait exploser.

Après examen approfondi, la vérité éclate, la justice est saisie. Ce constructeur farceur, et joueur lui aussi, est confondu. Il livrait de temps en temps un kilomètre d'autoroute qui mesurait neuf cents mètres. Est-ce une histoire vraie ou un autre rêve sorti de mon imagination? Je ne sais, mais quel démarrage de film cela ferait.

Un personnage suscitait l'étonnement. Le prince T... avait, entre autres choses, une voiture américaine ruisselante d'or, trois hublots en forme de cœur tenant lieu de vitres arrière. Blanche à l'intérieur, jaune à l'extérieur, il ne lui manquait qu'un escalier de service pour être franchement grotesque. Le prince descendait du Prophète et, épisodiquement, à l'hôtel Martinez; sa suite occupait tout un étage, et lui, le *penthouse*. Comme il préférait la cuisine du Palm Beach, il faisait venir ses repas au casino, où, le soir, il jouait des sommes considérables à la table privée du chemin de fer.

Il tapait sur ses femmes, ce qui dans son pays est banal, mais aussi sur le reste de sa suite masculine, ce qui l'est moins. Il gagnait ou perdait avec la même indifférence arrogante, donnait des pourboires royaux au personnel aligné pour le saluer à son départ. Il faisait frémir tout le monde sous le règne de sa babouche.

Durant la partie, un secrétaire blasé de près, sur un geste agacé de son maître, ouvrait un attaché-case et sortait des liasses de billets de 500 francs, qu'il jouait en attendant le dernier Pétro.

Tout sultan qu'il était, une seule chose était

réconfortante : il avait l'air de s'ennuyer horriblement.

Il ne jouait jamais à la roulette, et le directeur des jeux ne savait pas s'il était souhaitable de le convertir ou s'il était plus sage de l'en tenir éloigné. Un très gros joueur est beaucoup plus dangereux en cas de baraka que trois cents joueurs moyens qui contrarient leurs propres chances.

Dans les palaces de Las Vegas, tout est fait pour drainer le plus grand nombre de clients vers les roulettes. Jamais une chambre n'est libre lorsque l'on arrive à l'hôtel. « Elle sera prête dans une petite demi-heure », vous précise-t-on, en vous indiquant la salle des machines à sous. Il y en a cinquante mille dans toute la ville, jusque dans les W.-C. *Money has no smell*[1].

Dans certains hôtels, il y a même quelques jetons en cadeau de bienvenue, près de la corbeille de fruits. Un circuit vidéo vous explique comment jouer aux différents jeux et vous indique les formalités pour divorcer dans l'Etat de Nevada.

En revanche, en France, jouer est assujetti à plusieurs contraintes : âge, tenue vestimentaire, droit d'entrée, état civil, horaires. Pénétrer la première fois au Privé demande aux néophytes une certaine audace qui ajoute à l'émotion.

1. L'argent n'a pas d'odeur.

En Europe, les casinos recherchent et craignent tout à la fois les très gros joueurs. Il y a même des moments où le responsable des jeux les invite au bar, au restaurant et les pousse vers le night-club.

Certaines « puissances de feu », soutenues par une force passagère, peuvent mettre en péril le casino le plus solide, qui peut ne plus être en mesure de payer et être obligé d'arrêter les jeux. J'ai assisté à la chose au « tout-va » de Cannes. Depuis que le danger ou la fortune ont des parfums d'Arabie et de loukoums, ceux qui ont remplacé le traditionnel « 17 en plein et les chevaux » par le « 17 en plein et les chameaux » ne reculent devant rien pour tenter de gagner des sommes fabuleuses à la hauteur de leur colossale morosité.

Ils peuvent, s'ils le veulent, contraindre le banquier qui taille à respecter sa « publicité mensongère » ; ils peuvent, connaissant bien leurs droits de millionnaires, charger les deux tableaux sans se soucier du maximum affiché au-dessus de la table. Comme le nom même du jeu l'indique, le « tout-va » doit servir n'importe quelle somme ou s'arrêter.

Dans l'édition arabe de ce livre, je supprimerai ce passage, afin d'éviter aux casinos que j'aime de vivre une soirée de cauchemar. Il me paraît plus sage de faire sauter quelques lignes qu'un Palm Beach ami, un soir de banque ouverte.

Si voir gagner enfin un perdant est réconfortant, voir perdre un humoriste est savoureux.

A Deauville, au pesage du champ de courses,

David Niven, son cheval arrivant dans les derniers, s'assied en disant, juste assez fort pour que j'en profite : « Je lui avais pourtant dit... Tant pis pour lui... Ce soir, je mange du cheval... Ce sera la première fois, mais il l'aura voulu. »

Quand un de mes numéros ne sort pas pendant plus de vingt coups de roulette, je ne le joue plus tant qu'il ne s'est pas excusé lui-même. Je joue ses voisins, et comme il n'y a pas plus susceptible qu'un zéro, il se met à sortir, trois fois de suite, ne se doutant pas que j'ai chargé ma femme de le jouer en douce. Je le touche, ostensiblement, devant lui. C'est une brouille qui dure depuis trente ans. Avec des hauts pour lui et des bas pour moi.

François André, le prix Nobel des jeux de hasard, avait une façon charmante de répondre aux doléances des joueuses. A une très vieille dame, minaudante, qui lui disait : « Mais enfin, c'est à peine croyable, je joue le rouge, il sort le noir ; je joue impair, il sort le 0 ; je joue le 36, il sort le 1 ; mon cher François André, c'est désespérant, que dois-je faire ? », il rétorquait : « Exactement le contraire, chère madame. »

Vittorio De Sica, qui perdait superbement l'argent qu'il gagnait en jouant admirablement, m'a dit : « Ma plus grande joie est de gagner au jeu. La deuxième est de perdre. »

Un soir de *Pop Club* au casino de Beyrouth, à l'époque, seule la banque du tout-va sautait de temps en temps. J'ai vu un couple d'Allemands se faire expulser après tricherie. Un des deux tricheurs entre seul, joue sa mise avec calme et courtoisie cinq ou six fois à une table très chargée de jeux. Le complice s'approche, adopte l'attitude du néophyte maladroit, hermétique au déroulement des opérations. Quand il entend le croupier annoncer le numéro sortant, il choisit le moment où c'est une case relativement chargée de jetons et en pose une pile sur ceux, qui ont été misés normalement. Le chef de partie admoneste fermement le troubleur « de bonne foi », qui s'empresse de retirer ses huit ou dix plaques. Le premier complice se manifeste alors, disant au croupier : « Je regrette, monsieur est en train d'enlever ma mise, j'avais quatre pièces en plein. » Le tout fou s'excuse à nouveau auprès du croupier et du joueur en lui donnant raison. Le casino se trouve alors dans l'obligation de payer le joueur orthodoxe. Ne rêvez pas trop, ce coup ne peut se faire qu'une fois, n'est pas garanti, doit favoriser l'infarctus et vous fait devenir tricard dans tous les casinos. Car les établissements se passent entre eux les informations et les signalements. Nos deux Allemands confondus avaient commis la faute de descendre dans le même hôtel, d'avoir les mêmes étiquettes sur leurs valises, et le même accent.

Un conseil, si vous voulez gagner au jeu, ne jouez pas. L'Etat prend jusqu'à 45 %. Les frais d'un casino sont démentiels, le train de vie des P.-D.G. aussi. Faites le calcul : c'est vous qui payez le lustre et la moquette !

Le 13 octobre 1974, le roi d'Arabie Saoudite a perdu à la roulette 16 millions de francs nouveaux. Ce soir-là, j'ai gagné 275 francs.

André Citroën avait pignon sur usine, il avait dominé et mis à son compte en banque tous les engrenages du monde. Il n'a pas su maîtriser celui du jeu, et il a mis son génie en faillite.

Tristan Bernard disait qu'avec ses gains il avait acheté la superbe casquette d'amiral qu'il arborait, qu'avec ses pertes il avait perdu le yacht qui allait avec et que « le gros inconvénient de l'argent gagné au jeu, c'est qu'on le dépense d'abord et le reperd ensuite ».

Le danger, le vrai : on ne réalise vraiment que l'on a perdu à la roulette qu'une fois sorti de la salle de jeu, pas à l'intérieur.

Le roi Farouk, pas encore déchu, jouait souvent à Deauville au chemin de fer, à une table spécialement montée pour lui. Il fallait montrer patte blanche, si j'ose dire, et ne pas être au S.M.I.C.

Un samedi soir, en face de lui, était assise une ravissante jeune femme. Farouk la dévisageait avec un intérêt soutenu et indécent de sans-gêne, perdant ostensiblement contre elle, sans même retourner ses cartes. A un moment, la jeune femme, de plus en plus agacée, met une cigarette à sa bouche, se retourne vers le valet de pied pour avoir du feu. Le roi se lève et fait glisser à travers toute la longueur de la table son briquet en or constellé de pierres précieuses. Elle hésite, refuse le feu du valet, prend le briquet, s'allume, et veut le relancer. Farouk l'arrête de la main et lui dit : « Je vous le donne, vous pouvez le garder. »

Elle l'a pris, l'a envoyé au croupier-tailleur en jetant négligemment : « Pour le personnel. » C'était digne de Cyrano de Bergerac.

Ce briquet, véritable pièce de musée, vaudrait aujourd'hui plus de 500 000 francs.

Mais le plus croustillant de l'histoire est que ce despote, en fin de partie, a été récupérer son briquet auprès du personnel.

Sur un gros banco, il lui arrivait de jeter lui-même ses cartes sans les montrer, affirmant simplement : « 9, parole de roi. » Le casino payait les deux.

Jouant au poker avec des amis, ayant trois rois contre quatre valets, il ramassait le pot : « Trois rois plus moi, ça fait quatre. »

Un jour, tout le monde en a eu marre, et le peuple égyptien, qui payait tout ça, aussi.

En matière de jeu, je me souviens aussi de M. Blanc, patron du casino de Monte-Carlo, qui, suivant le mouvement de la roulette, répétait : « Que ce soit le rouge ou le noir qui sorte, c'est toujours Blanc qui gagne. »

A Monte-Carlo, un Néerlandais richissime, le baron Palhan, jouait des sommes fabuleuses. Les soirs de pluie où il perdait, il envoyait son majordome louer tous les fiacres de Monaco et les faisait tourner à vide sur la place du Casino. Assis au bar de l'hôtel de Paris, il buvait le champagne, en savourant sa petite vengeance digne d'Alphonse Allais : « Voir piétiner dans la boue les autres joueurs à la sortie des salles de jeu. »

Plus le bilan quotidien du Casino est déficitaire, plus l'employé des salles de jeu empoche d'argent.

L'intérêt du personnel est inversement proportionnel à celui de la direction de l'établissement.

Payé au fastueux pourboire par l'heureux gagnant, le croupier ne voit rien venir quand c'est le casino qui ratisse et nettoie complètement le tapis. On comprend que la venue des machines à sous inquiète les champions du râteau... Les jardiniers, eux, s'en foutent.

Dans ces casinos-palaces où je traîne mes micros à la recherche des vedettes de l'actualité et des tout-petits grands de ce monde, je peux mettre un prénom sur tous les cigares qui passent. Je sais le nom des femmes chargées de cailloux qui vont à l'aube se déshabiller au coffre des hôtels où elles laissent plus de grammes qu'au sauna. Depuis trente ans, les gens sont les mêmes, c'est le folklore qui change.

Aujourd'hui, en dehors des périodes de festival, m'a conté un employé d'un des plus grands palaces de la Croisette, « entre les juifs et les Arabes, nous, le personnel, sommes les Casques bleus. Le métier devient de plus en plus difficile, pour nous, les maîtres d'hôtel, avec cette abondance de bronzage d'origine, on ne peut plus savoir : qui est qui ? Vous prenez un Arabe sur un chantier. Habillé, rasé, lavé, avec 1 000 francs sur lui, il est comme un prince dans une boîte ».

C'est en parlant avec lui, après le *Pop*, que j'ai entendu les réflexions les plus racistes, les plus drôles, les plus snobs de Cannes ou de Deauville.

« Regardez-les, ils viennent pour gagner au casino et perdre des kilos aux thermes, et c'est tout le contraire qui se passe. » Voyant se promener des campeurs sur les planches de Deauville, devant le Ciros, les toisant, détaillant leurs chaussures de Nylon transparent, leurs bobs siglés et leurs débardeurs : « Quelle misère ! Si tout le monde peut s'amuser, ça n'amusera plus personne de s'amuser. »

Cette réflexion monstrueusement superbe me fait penser à cette vieille aristocrate russe, de retour d'une conférence de la Croix-Rouge à Moscou : « Avant la Révolution, en Russie, tout le monde ne mangeait peut-être pas, mais ceux qui mangeaient mangeaient mieux. »

« Regardez celui-là, il est milliardaire, il a épousé une soi-disant princesse allemande alliée aux Habsbourg par la bonne. Il est cocu, et il croit que ça va le faire gagner au casino. Si tous les cocus devaient systématiquement gagner, Cannes deviendrait les Minguettes et Deauville, Sarcelles. »

« Je ne parle pas pour vous, mais de mon point de vue, pendant un festival, il vaut mieux un temps superbe et des films médiocres que le contraire. »

Il faut se méfier des clients dont les initiales correspondent au nom de l'endroit. L'hôtel Majestic a le droit de surveiller étroitement la vaisselle siglée H. M. dont se serviraient les Hélène Martin, Henri Michaux, Henry de Montherlant ou Henry Miller et anonymes de passage. Air France, en première, peut faire de même pour ses couverts A. F. avec Mmes Andréa Ferréol, Annie Fratellini, ou avec M. Anatole France ou Mlle Ariane Fusée.

José Artur, on le surveille au Jardin d'Acclimatation, à l'hôtel Jeanne-d'Arc. Et Francis Bouygues, dans la forêt de Bondy ou au fort de Brégançon.

De la bouche d'une ancienne femme de chambre d'hôtel, j'ai appris que les boutons de smoking ou les bretelles de robe du soir qui craquent au moment de partir pour la soirée privée ou le bal du casino ne le doivent pas tous à l'énervement ou à la précipitation, mais à un petit coup de lame de rasoir entamant juste assez le fil qui les tient.

De même, le delco discrètement débranché le lundi matin dans les garages d'hôtel de week-end favorise le pourboire du conducteur pressé, croyant à une vraie panne et ravi d'être sauvé par le voiturier. De là à penser que les chasses d'eau dans la salle de bains sont souvent déréglées exprès, il n'y a qu'un pas que nous refuserons de franchir.

« Avec les gens riches, il ne faut pas manquer de

diplomatie. Il est très délicat de demander à un monsieur qui laisse une fortune quotidienne sur le tapis vert de restituer le peignoir armorié qu'il a " distraitement " glissé dans sa valise. Et comment dire à un pachyderme qui flotte, comme ses dollars, dans la piscine, que ce n'est pas un urinoir ? D'ailleurs, je trouve que sur les piscines de luxe, on devrait passer le bassin... »

Remarquez autour de vous, même chez les gens dits bien élevés, il y a plus de copains qui vont faire pipi avant de jouer au tennis qu'avant de se plonger dans la piscine.

« Vous savez, monsieur Artur, je préfère la clientèle du festival, elle est plus cradingue, mais plus sympa, ils donnent moins de pourboire, mais ils sont moins exigeants. »

L'argent travaille seul...
plus facilement que l'enfant.

Mme Florence Jay Gould était, au moment où je l'ai rencontrée, la femme la plus richement laide. Elle n'avait, comme tous les supernantis, que trois soucis : le cholestérol, l'embonpoint et la mort. Sa disparition a permis à la plus belle pièce de ses collections, le *Coucher de soleil sur Saint-Rémy-de-Provence,* de Van Gogh, de trouver, aux enchères, une nouvelle vie d'amour.

Elle présidait un jury chargé de récompenser le livre de l'été de la Provence.

A la suite de circonstances pas très orthodoxes, le prix de 5 000 francs offert par la petite-fille des chemins de fer américains, qui m'avait été destiné par un « pré-vote », avait, au dernier moment, été attribué à un auteur local, qui l'est resté.

Comme je faisais un *Pop Club* au Palm Beach, me croyant susceptible, en catastrophe le jury avait demandé à la milliardaire une rallonge pour doter un prix de consolation.

Elle annonce le prix. N'entendant pas mon nom,

prévu au palmarès, je me dirige vers la sortie. J'entends mon nom, je reviens vers l'estrade, elle me remet un diplôme et une enveloppe ; je lui baise la main, et m'écorche le nez sur la table basse qui lui servait de bague.

Nous partons tous, par la salle de jeu, vers le restaurant *Le Masque de fer,* où le dîner était prévu.

Tandis que nous passions devant la grande table de roulette avec elle et sa suite, elle cherchait à expliquer le revirement du jury. Je ne savais pas quoi lui répondre pour lui prouver mon indifférence au problème. Je la remercie, ouvre l'enveloppe, croyant y trouver 5 000 ou 3 000 francs et n'y vois que dix billets de 100 francs. Franchement estomaqué de sa pingrerie, je les jette sur le zéro de la table de jeu. C'est le 36 qui est sorti.

« Quelle folie, mais quel geste ! » aurait encore dit Cyrano.

Je n'ai plus les 1 000 francs, mais j'ai le diplôme. Je suis « Plume d'azur ».

Il est interdit de se moquer.

L'auteur primé à ma place a eu un mot sublime, prémonitoire, colossal. Je lui parlais des démêlés avec les éditeurs en général, il m'a répondu : « Entre mon éditeur et moi, il n'y a jamais eu de tirage. »

Il n'y a rien de plus triste
qu'un temps de saison en hiver.

Quand le temps tourne au gris ciel à Deauville, une de mes joies est d'entendre parler la reine de la station, le plus joli oiseau de paradis que j'aie rencontré, Martha Barrière.

Nous déjeunons avec son mari, Lucien Barrière, et avec un chien qui se tient très bien à table, qui sait reconnaître la limande de la sole et l'eau du robinet de l'eau minérale. Hongroise d'origine, avec une délicieuse coquetterie, elle s'évertue à garder son accent de sincérité d'Europe centrale — et y réussit —, et collectionne, outre les pierres précieuses et les toilettes, les bijoux de langage qui font la joie des gens qui l'aiment ! « J'aimerais aller au festival de Lourdes assister à un miracle. » « José, si tu continues à fumer ce cigare italien, je vais tomber dans la pomme. »

Avec son mari, qui ne cesse de travailler, même à table, ce dialogue s'instaure pour le plaisir de tous :

« Tu sais que le professeur P... vient d'acheter la maison mitoyenne de l'église ?

— Mais je le sais, chéri, je t'ai dit hier qu'il avait acheté l'ancien presbyte. »

Un autre jour : « J'ai des problèmes à l'établissement thermal, le docteur C... me donne du souci.

— Ça, je te l'avais dit. Tu aurais dû le prendre à l'essayage. »

Le fait de travailler dans les villes de vacances donne une vision des choses complètement différente. A Cannes, au milieu des gens qui ont le temps et raison de le prendre, entre deux reportages, on peut prendre en grippe le boulevard Carnot, à 18 heures ; la circulation y est tellement lente que même les voitures suisses s'énervent.

Il faut beaucoup connaître Cannes pour l'aimer un peu. Cannes a bien changé depuis que la flotte américaine n'y mouille plus régulièrement. Avant, dès qu'elle pénétrait dans les eaux territoriales des Alpes-Maritimes, toutes les folles de Paris se ruaient sur le train bleu ou se pointaient dans l'espace aérien de Nice. Aujourd'hui, les homosexuels ont du mal à joindre les deux bouts. Les travelos sur la Croisette marchent quasi l'un dans l'autre ; il est parfois difficile de savoir à qui on a affaire. Le merveilleux Lucien Morisse en avait fait la pénible expérience : on lui avait présenté une jeune femme ravissante avec qui il avait dîné puis dansé chez Régine. Tout s'était bien passé, jusqu'au moment où il s'aperçoit à un signe irréfutable et, hélas ! tangible, que la superbe jeune fille qui aurait pu être sa nièce avait tout pour être son oncle.

Les homosexuels sont moins drôles qu'avant depuis qu'ils défilent et réclament un ministère — du cabinet, qui acceptera d'en être ?

Si tant est prouvé que le comble de l'optimisme est un couple d'homosexuels qui achète un landau, je n'arrive pas à comprendre pourquoi, dans les pays surpeuplés, l'homosexualité n'est pas encouragée, voire remboursée par la Sécurité sociale.

En Inde, et surtout en Chine, où on les traque, on les tue, les présidents et les ministres devraient, au contraire, donner l'exemple en s'accouplant sur la place publique, afin de montrer à la base éblouie la seule voie de la dénatalité infaillible. Pour la France, qui n'aura que des vieux dans trente ans, des vieux et des vieilles bourrés d'antibiotiques et de souvenirs, avec Michel Debré, je crie : « Sus aux homos. » Taxons-les sur la semence perdue. Faisons tricoter des layettes aux lesbiennes. Envoyons les sodomites faire des périodes de trois jours dans les banques du sperme. Alors la France et ses membres pourront relever la tête, et les femmes de ce pays, contemplant leurs ventres arrondis, comprendront que l'Hexagone, qui a engendré Cognacq-Jay, ne peut pas périr.

Et comme disait déjà Confucius : « C'est curieux, les homos se multiplient, et pourtant, ils ne se reproduisent pas. »

Il y a peu, il fallait dix ans de petits cabarets, de petites tournées, de galères secrètes pour faire un Jacques Higelin, un Yves Montand, un Jacques Brel, une Barbara.

Aujourd'hui, depuis les opérations orchestrées des Jacky Quartz, Stéphanie et autres moustiques, tous les pubères qui débouchent dans le vinyle et abreuvent nos sillons de leurs chants impurs veulent tout casser, tout de suite, oreilles et pieds compris.

Caroline Lœb et son dépliant pharmaceutique *C'est la ouate* pourra-t-elle survivre à son premier *Top* ? Mais, comme le chante Yves Montand dans *Battling Joe,* quoi qu'il arrive, son manager, lui, aura d'autres champions.

J'ai souvent entendu François Périer défendre les vraies comédiennes professionnelles, en danger de chômage intermittent, devant les découvertes géniales des réalisateurs préférant une paire de fesses ou de seins à l'interprétation d'un rôle.

Lors de la première séance de postsynchronisation d'un film, Raf Vallone se doublait lui-même, je doublais son valet de chambre, de nombreux comédiens français prêtaient leurs voix aux acteurs italiens. Jacqueline Sassard, mignonne paire de seins, ravissante paire d'yeux, se doublait elle-même, ou tout au moins tentait l'impossible.

Au bout de la première matinée, toutes les scènes du premier rôle féminin étaient consternantes. Elle parlait faux à pleurer, elle était incapable de dire deux mots à la file.

Réunion de Raf Vallone, du directeur de plateau, pause-déjeuner, conciliabule, désespoir de la nymphette, dernière tentative puis convocation téléphonique de la délicieuse comédienne Martine Sarcey, qui j'espère leur a demandé beaucoup de sous. Elle aurait été merveilleuse dans le rôle, mais c'est Jacqueline Sassard que François Chalais a dû filmer sur la Croisette. Elle était sur le capot d'une grosse voiture en tenue légère, applaudie par le même public qui célèbre Marlon Brando, de Niro ou Catherine Deneuve, sans se soucier de la différence. J'applaudis là où on me dit d'applaudir. Il est vrai que ces petits casse-croûte de la gloire éphémère ne font qu'un ou deux films. Le second était prudemment signé avant que le premier sorte. Mais chaque année, des pavés, des alcôves, des banques sortent deux ou trois ravissantes zombies qui bouffent les rôles féminins, déjà rares, au cinéma.

En sport, c'est quand même plus sain. S'il est vrai que l'âge des champions est de plus en plus bas, leurs performances sont de plus en plus époustouflantes ; là, il est impossible de tricher, d'interpréter mal. Boris Becker, qui bouscule ses grands frères à Wimbledon, Nadia Comaneci, championne olympique de gymnastique à l'âge où rêvent les jeunes filles ; Kiki Caron, Shane Gould, devenues à quinze ans meilleures nageuses du monde ; Patrice Martin, encore enfant, vedette mondiale de ski nautique ; Steffi Graff, qui pulvérise ses aînées et remporte à dix-sept ans Roland-Garros, ce qui ne s'était jamais vu.

A la fin d'un combat de boxe, le meilleur est souvent celui qui reste debout. Dans notre métier, pas une seule logique ne peut justifier un classement, ne peut permettre le moindre pronostic. Tous les mômes que j'ai vus arriver, les timides, les introvertis, les matamores bouffeurs de moquette, les couverts de diplômes inutiles, les bardés de népotisme, tous ceux-là qui débarquent au festin du P.A.F. [1] ne peuvent savoir ce qui les attend : Francis Bouygues avec un chèque en béton, ou le chômage avec des chèques en bois. Le seul parallèle qu'on puisse établir avec le sport est l'abaissement de l'âge de la prise de pouvoir — la valeur n'attend pas le nombre des années.

De mon temps, celui qui arrivait pour porter des mallettes de disques trouvait normal de les porter trois ans, celle qui entrait pour remplir des fiches de documentation se plaisait à le faire quelques saisons. Ceux qui étaient engagés pour un billet de deux minutes sur l'antenne n'envisageaient pas avant des mois de présenter le « 20 heures ». Aujourd'hui, le petit jeune homme rempli d'idées et d'acné est plus pressé que ses boutons. Même Danièle Gilbert a attendu, c'est vous dire.

1. Paysage audiovisuel français.

L'assistant n'est plus ce qu'il était — nous étions des souffre-douleur attentifs et enthousiastes, ce sont des consciencieux impatients aux aguets. L'assistant, hier, travaillait pour dépasser dans quelques années son « maître » ; aujourd'hui, il rêve de prendre sa place tout de suite, oh ! que c'est vilain !

J'en ai eu un qui était amusant à observer scientifiquement ; il se servait de l'émission comme d'une plate-forme de lancement. Il observait, contactait, remplissait son carnet d'adresses. Non, vous ne saurez pas son nom, qui ne vous dirait rien. Il continue à se servir des autres.

Mes collaborateurs m'ont toujours beaucoup appris. Un seul m'a trahi... du bout des doigts. Trois m'ont laissé une mauvaise impression, un autre m'a laissé une ardoise. Tous les autres m'ont laissé des souvenirs de complicité de premier choix.

Du premier cité je ne veux garder que le souvenir de son intelligence et de sa culture internationale. Les trois suivants étaient plus cocasses. Le plus ancien des trois, en plus, sentait des pieds ; ce n'était pas totalement sa faute, mais c'est agaçant. On croit toujours que je blague, mais je vous jure que c'est vrai, il travaille aujourd'hui dans une fromagerie du Sud-Est.

Le deuxième, véritable obsédé sexuel, marivaudait toute la nuit chez Jacob et Delafon ; à l'aube, il était comme la chèvre de M. Seguin, très fatigué dans sa petite robe toute tachée ; finalement, le loup l'a mangé.

Le dernier de ces cas sociaux était un arriviste de la connerie. Sacha Guitry disait : « Si on vous traite d'arriviste, c'est que vous êtes déjà arrivé. » Celui-là, dont je n'arrive pas à retrouver le nom, je l'appellerai Cauchemar. Il évoque une scène enregistrée, par hasard, juste avant l'antenne, je n'ai eu que la peine de la décrypter.

Jean-Louis Bory. — José, pourquoi ne m'as-tu pas appelé hier comme convenu ? J'aurais apporté le document.

José (ayant complètement oublié de le faire). — J'ai essayé deux fois, c'était toujours occupé.

J.-L. — Moi, je décroche toujours quand je fais l'amour ou quand je travaille.

Cauchemar. — C'est pas pour être désagréable, mais, chaque fois que j'ai téléphoné chez vous, c'était libre.

J.-L. — Mais qu'est-ce qu'il raconte, ce petit machin, il est con ou quoi, ton mec...

José. — Je crains que ce ne soit de naissance...

La bande s'arrête là. La carrière de ce stagiaire a fait de même, à peu près à la même époque. Sa famille et lui étaient à l'aise ; il ne manquait de rien, sauf de tact. J'ai appris qu'il avait écrit quelques jours après avoir rejoint son corps d'origine une lettre à un de mes amis, Simon Monceau, directeur des programmes d'un poste périphérique. Elle commençait par ces mots :

Monsieur,

Je cherche du travail, j'ai été le stagiaire de José Artur. J'ai quitté son équipe, car l'horizon y était bouché pour moi. Quoique je n'aime pas du tout vos programmes actuels, je viens me renseigner sur une possibilité d'entrer dans votre station... que je trouve d'un niveau bien bas...

Mon ami m'a téléphoné, et nous sommes tous deux encore perplexes. Etait-ce le petit-fils fruit d'un accouplement monstrueux d'un kamikaze et d'Alphonse Allais ou tout simplement un cauchemar en boots ?

Si certains collaborateurs sont devenus directeurs, d'autres ont vraiment réussi.

Claude Villers est devenu, à lui tout seul, une chaîne de radio. Je ne serais pas capable d'être son assistant, il faut des qualités que je n'ai pas.

Eve Ruggieri avait tendance à hurler des gros mots, des « Merde ! » retentissants, dès que le micro était ouvert. Aujourd'hui, elle distille de petits mots chargés d'histoire, de petites notes remplies de charme. C'est une conteuse unique, qui chronique comme personne. Elle donne toujours l'impression qu'elle a dîné la veille avec Louis XV ou Pierre le Grand, qu'elle était cachée dans l'alcôve de Raspoutine, de Mme Récamier ou du chevalier d'Eon. Je l'écoute tous les matins sur France-Inter, et quand, à 9 h 25, elle parle au téléphone à ses correspondants qui déclinent leur nom, prénom et ville d'origine, je bois du lait.

« Allô ? C'est M. Lecomte... de Paris. »

« C'est Diane... de Poitiers. »

« C'est Hélène... de Troie. »

« C'est Rosette... de Lyon. »

On en redemanderait...

Gérard Klein faisait des droits d'auteur, collait des affiches de gauche à droite pour un directeur qui conduisait sa carrière de droite à gauche. Il était déjà d'une force herculéenne. Entre deux conquêtes féminines et deux javas nocturnes, il cassait une ou deux chaises, enfonçait une ou deux portes, écrasait les corbeilles à papier en y déposant simplement une enveloppe. Il était capable de tout et le prouve encore aujourd'hui. Il a même chanté, je ne vois pas pourquoi il ne l'aurait pas fait. Mireille Mathieu parle bien, elle, de temps en temps.

Bernard Saussin, mon Sancho Pança, croyait parler anglais, était myope comme une taupe, chaud comme un lapin. Quand il conduisait ma voiture, il enlevait ses lunettes pour voir mieux. Cela m'a coûté une 504 qu'il a emplafonnée sur la place derrière l'Hôtel de Ville, sur le seul terre-plein situé à l'époque au centre de la place. Il avait quatre-vingts mètres de chaque côté. Pour viser comme ça, il faut du génie... Quand il courtisait les dames, c'est-à-dire tous les jours, il enlevait aussi ses lunettes, ce qui le rendait indulgent sur le physique de certaines de ses conquêtes. Quand il consommait, le soir, il fermait la porte du bureau, mettait une pancarte sur la porte : NE PAS DÉRANGER, ÉMISSIONS NOCTURNES, formule rigoureusement exacte, au sens le plus profond du terme. Pour tirer comme ça, il faut du génie... et de la santé.

Bernard Lenoir, lui, arrivait en Porsche ou en Chris-Craft, toujours accompagné de lots superbes. Il aime la musique, les femmes, la moto, il est généreux et aime qu'on lui foute la paix.

Patrice Blanc-Francart, lui, sait tout faire, et il le fait bien. Il porte aujourd'hui des cravates unies sur col blanc. A l'époque, son look était plus coloré, plus chatoyant, sa démarche plus marginale.

Tous mes enfants devenus directeurs, je les ai adoptés très jeunes.

Olivier Nanteau, le roi du ciseau, amateur éclairé d'art contemporain, enfant prodige de l'avant-garde des autres, a eu la patience, la possibilité, la sagesse de comprendre que la critique gratuite du graphisme parisien au *Pop Club* pouvait mener à tout.

Catherine Allégret, comédienne rare, dans tous les sens du mot, a ri au micro du *Pop Club* pendant des mois pour la joie des auditeurs. Elle riait tellement qu'elle n'avait pas le temps de donner son avis. Salvador Dalí était amoureux d'elle et voulait la manger.

Leslie Bedos, elfe de la nuit parisienne, a supporté avec humour et résignation ma mise en boîte quotidienne et affectueuse. Son talent nostalgique s'affirme de jour en jour.

Yves Mourousi, à l'époque, déjà, en réserve de la république, a été l'envoyé spécial du *Pop Club* auprès des grandes manifestations artistiques et des grands de ce monde. Vous voyez que je ne me refusais rien.

Beaucoup d'autres ont flirté avec le *Pop*. Jean-Marie Houdoux, membre fondateur, Jean-Pierre Pineau et ses bretelles tricolores, Muriel Hess, qui faisait déjà la pluie et le beau temps, Jean-Louis Foulquier, qui y faisait des apparitions fracassantes... Jacques Chirac, déjà Premier ministre, m'a servi d'assistant à Deauville. Il a fait le plateau de l'émission — une pléthore de ministres. Il était déjà très efficace.

Nous faisions en été le *Pop* à Cannes, en direct d'un petit studio permanent dans l'ancien palais du Festival. Si vous n'avez jamais visité un studio de campement, vous ne pouvez pas imaginer le bordel qui y règne. Les vieux journaux, les gobelets de carton, les chutes de bandes magnétiques dissimulent mal les couvercles de boîtes devenus cendriers ou plateaux à café. On finit par ne plus y faire attention, sachant que le précédent ou le suivant a laissé ou laissera l'endroit aussi sale qu'il n'aurait pas aimé le trouver en entrant.

Tous les jours depuis une semaine, nous attendions de Paris une voiture émettrice dite H.F., qui devait nous permettre d'installer le *Pop Club* n'importe où sur la côte. Claude Villers et moi-même avions omis d'en parler à notre assistant, Jacques Morice, assistant, régisseur, chauffeur, Protée de l'émission. Il était très jeune, naïf et consciencieux.

Un lundi, nous entrons dans le studio, ressortons en nous excusant, pensant nous être trompés de pièce. Tout était rangé, impeccable, plus une boîte, plus un mégot, les journaux en piles au carré, les chutes de bandes disparues, l'ordonnance inquiétante d'un laboratoire de recherche. Nous apercevons une forme accroupie en train de passer un chiffon sur le sol. Jacques Morice, c'était lui, se relève et me dit : « Ça y est, ils peuvent arriver, j'ai tout rangé, tout nettoyé. »

Nous le regardons ahuris.

« Oui, je n'ai pas pu vous prévenir, mais on a téléphoné ce matin, la voiture à chefs arrive dans une demi-heure, et je ne voulais pas qu'ils trouvent le bordel. »

Jacques était passionné de voitures, possédait en 1965 une vieille américaine décapotable. Avec Claude Villers, nous lui avons procuré la honte de sa vie. S'il en rit encore aujourd'hui, il en rougit encore. De dangereux non-violents d'Hare Krishna étaient venus, au nombre de huit, au célèbre Bar noir. Nous n'en avions convoqué qu'un seul. Ils avaient décimé leur tribu pour chanter pendant son intervention.

En robe jaune safran, crâne rasé à l'exception d'une queue de cheval, spartiates aux pieds et clochettes aux mains, le Hare Krishna avait recueilli un succès d'estime amusé. Ils s'intéressent à l'émission, ne voient pas passer l'heure. Au moment de partir, ils réalisent qu'il n'y a plus de transport en commun. C'est là que commence notre machiavélisme. Jacques se vantait, à qui voulait l'entendre, de pouvoir transporter, dans son tas de boue, toute une colonie de vacances. Il était très jeune, très timide ; je l'impressionnais encore. Claude Villers avait tout fait pour ne pas trouver de taxis. Il s'est donc retrouvé sur les quais, conduisant à travers tout Paris huit bonzes d'opérette crécellant, clochettant, et prosélytant. A chaque feu rouge, il s'enfonçait de plus en plus dans la banquette de l'auto, terrorisé à l'idée de rencontrer quelqu'un de sa famille. Depuis, quand ils le croisent avec leurs clochettes, ils lui sautent dessus, pour le remercier.

Claude Villers reste le plus gros producteur de radio de France. Il ne voyageait pas pour autant en fret, mais comme tout le monde, dans la cabine, sur un seul fauteuil. A cette époque, les compagnies Air France et Air Inter, que nous empruntions, presque toutes les semaines, étaient parfois intraitables sur l'excédent de bagages. Avec nos mallettes de disques, nos panneaux, gadgets et cadeaux siglés, nos valises et nos intonations, nous dépassions toujours de plus de vingt kilos. Claude pesait cent dix kilos ; moi, soixante-dix. Nous avions mis au point un scénario qui faisait notre joie. Faisant semblant de ne pas nous connaître, nous nous présentions à l'enregistrement, lui avec juste ses vingt kilos autorisés et moi, avec le reste Quand l'hôtesse commençait à vouloir me taxer, je faisais semblant de me mettre en colère, exigeant que l'on me pèse avec mes bagages et que l'on pèse le monsieur qui me suivait avec les siens. Claude, rentrant dans le jeu, commençait par se vexer, me faisant des réflexions, puis jouant l'objectivité pure, reconnaissait le bien-fondé de ma demande et acceptait de se prêter à la pesée. Au moment où nous commencions à escalader la balance, la préposée me rendait mon billet tamponné sans majoration. A la longue, nous souhaitions cet incident à chaque déplacement, déçus quand la tolérance des compagnies m'empêchait d'exiger la pesée de mon gros bébé.

Après un *Pop Club* dans la citadelle chez Tao, nous revenons de Calvi dans un tout petit avion privé. Réservé par téléphone pour trois personnes et cent kilos de matériel, l'avion nous attendait. Son pilote pose un regard sur Claude Villers et me dit : « Vous auriez dû me dire que vous étiez quatre. »

Jacques Morice monte avec Claude à l'arrière, les valises sont entassées dans la queue de l'appareil. Je m'installe à la place du mort. Nous roulons vers la mer au milieu des roseaux qui bordaient alors la piste. Je vois arriver le bout du terrain, les roseaux et la mer. Le pilote maugrée :

« Ce n'est pas un assistant que vous avez là, c'est un bulldozer. »

Nous roulons à trente mètres des vagues, et il ajoute :

« Je n'arrive pas à prendre de la hauteur, il va falloir jeter une de vos valises ou autre chose, sans cela nous n'arriverons jamais à l'aéroport de Cannes. »

J'envisage de faire plonger Jacques Morice, puis je me rabats sur les grosses mallettes de disques et de bobineaux. Le pilote regarde toujours les côtes cannoises qui se dessinent vaguement et me précise :

« Si j'arrive à me servir d'un courant ascendant, on y parviendra sans délestage, sans cela, on nagera. »

Nous sommes parvenus à Mandelieu au ras des pâquerettes.

J'avais été le seul à « survivre » ce rare moment. Le bruit ambiant du coucou avait complètement couvert notre dialogue d'inquiétude. J'étais relativement vert, Claude était affamé et Jacques, assoiffé.

Jacques Miraton n'a pas eu d'enfance, il n'a eu que quatorze ans de circonstances atténuantes. Cela dit, Calamity Jane avait un frère, c'est lui. Il conduit avec son permis de chasse et passe toujours à la limite du permis.

Quand il a de l'argent, c'est Byzance; quand il n'en a pas, c'est Bizerte. Une de ses phrases était : « Je donnerais cher pour être riche. »

En tournée de radio, nous n'avons jamais pu, Xavier Fauche et moi, lui expliquer qu'il était illogique de commander, dans les hôtels, le petit déjeuner à 8 heures et le réveil à 8 h 15.

Au téléphone, il confondait le ministre d'Etat Michel Jobert, avec le fondateur des Compagnons de la chanson.

Persuadé d'avoir eu une idée de génie, il a téléphoné sans me prévenir à une immense vedette de cinéma de l'avant-guerre : « Je vous appelle de la part de José Artur. Il reçoit à 23 heures le chirurgien esthétique M. X; comme il paraît qu'il vous a refait entièrement, ce serait amusant que vous soyez là, comme par hasard. »

J'ai mis six mois à dérider à nouveau cette comédienne.

Je lui laisse ma voiture pendant le *Pop Club* à New York; il me téléphone : « J'ai eu un petit accident, mais, rassure-toi, c'est à torts réciproques, la conductrice venait de droite. »

Très fier, un soir où j'attendais Catherine Sauvage, il me dit : « J'ai pris à la discothèque tous les disques de sa carrière. » Par distraction, ou esprit d'association, il avait pris la discographie complète de Cora Vaucaire. Pour s'excuser devant l'artiste, il ajoute : « Ce n'est pas grave, je vais aller en face, à Lido Music, en acheter un de vous..., s'il y en a encore dans le commerce. »

Très sûr de lui, un soir, au *Pop*, il annonce : « Jean-François Paillard est nommé chef de l'Orchestre de chambre de l'Ile-de-France. » Mon invité se lève d'un bond, demande où est le téléphone, appelle ses adjoints, puis revient à la table en disant : « Personne n'est au courant. » Jacques affirme péremptoire que c'est fait, mais que personne ne le sait. Mon invité renonce à discuter, c'était le directeur national de la Musique, Maurice Fleuret, seul accrédité à nommer un musicien à un poste officiel...

Jacques refusa de servir un whisky à des militaires venus présenter un gala, sous prétexte qu'il était insoumis.

C'est un flagrant du lit dont les formules sont plus ou moins heureuses. Légèrement bègue, il se frappe la poitrine en disant aux femmes présentes dans le studio : « Mesdames, quand on a dormi là..., on ne peut pas l'oublier. » Et quand une toute jeune fille entre : « Jo... José, j'ai une nouvelle fiancée... Elle ne le... sait pas... en... core, mais c'est... comme si c'était... fait. » Parlant d'une maîtresse qu'il venait de quitter : « C'est une femme qui avait un peu d'argent... C'est dommage... elle... vou.. lait m'en faire... fructifier, mais j'ai préféré rompre... je ne suis pas un poisson. »

Ses reparties sont célèbres dans son immeuble. Surpris avec une charolaise, mannequin chez Olida, il s'est penché à notre oreille : « Les mecs qui ne... veulent sauter... que des belles, ils se... branlent souvent. »

Le ton XVIe n'est pas sa spécialité, il lui arrive de friser le bon goût, sans jamais y parvenir : « La Ruggieri, c'est le 14 juillet qu'il faut lui mettre la main au pétard. »

Au cours d'une séance de travail où je le chargeais de tous les maux, il m'a lancé, en colère : « La répartition du boulot dans une équipe a été inventée par ceux qui veulent en foutre le moins. »

Xavier Fauche, dont nous admirions, notamment, l'ordre, se casse la jambe en jouant au ping-pong avec moi. Jacques lui dit : « Tu vas être content, tu vas n'user qu'une godasse et ça va te donner le temps de laver tes kleenex. »

Quand il est venu me donner les détails de l'accident de Xavier, après la radiographie, il m'a précisé : « Il s'est cassé le périné, en deux endroits. »

Un jour, il a proposé à Louise Weiss de la ramener chez elle, après une interview. Ne connaissant pas le rigolo et l'épave qui lui servait de voiture, elle accepte et se retrouve cahotée, enfumée et ravie, en deux-chevaux. Il lui a demandé de dédicacer le plafond de sa voiture, l'obligeant à se dévisser le cou pour écrire. En partant, il lui a dit : « Elle n'est pas comme vous, ma voiture, elle ne peut pas dépasser le quatre-vingts. »

Il s'est élu président des bègues et vient d'avoir des jumeaux... ce qui est logique.

Jacques Miraton est certainement le plus doué dans le genre gaffeur, mais il n'est pas le seul : Si, au Fouquet's, Xavier, voyant de dos une chanteuse chanter en direct, murmure : « Quel cul, un vrai tas », le mari de la dame est à côté de lui sur la banquette.

Je n'ai rien à lui envier : pressé toute la journée, n'ayant pas eu le temps de lire complètement le livre du jour, j'arrive en avance, regarde rapidement le conducteur, et commente à haute voix la liste des invités : « Michel Jonasz... je connais... ça va... Tu mettras deux titres de lui ; une revue qui paraît pour la première fois... C'est facile ; un peintre... J'ai vu son expo hier ; deux comédiens... le metteur en scène... J'ai vu le film tout à l'heure... Tout va bien ; il ne me reste plus qu'à m'occuper du livre. » En arrivant, je prends le bouquin et je dis : « On n'a pas idée d'écrire des tartines comme ça, si je tenais ce con... » Il y avait une seule personne assise dans le bar désert, laquelle me dit très gentiment : « C'est moi, le con... »

Mes collaborateurs font très vite partie de la famille. Mes différentes femmes en avaient parfois assez de les trouver à toute heure du jour et de la nuit dans le réfrigérateur, dans la chambre d'amis, dans le lit de la bonne. Une seule de mes femmes a pris le taureau que je suis par les cornes et un de mes assistants comme amant. Il m'a rendu un service énorme, que je lui rendrai au centuple toute ma vie.

« Martine de Rabaudy est demandée au bar de la piscine. »

Cette phrase retentissait toutes les dix minutes dans le haut-parleur du Palm Beach. Nous y faisions tout l'été notre émission, et elle était ma collaboratrice chargée de recruter ou d'écarter les postulants au *Pop Club* du soir. Ceux qu'elle avait contactés rappelaient pour confirmer, ceux que nous redoutions se manifestaient avec constance. L'équipe, en maillot de bain, travaillait qui le livre du jour, qui la documentation du concert ou de la chanteuse.

Nous vivions avec délices la « pause-travail » de toutes les émissions en déplacement au sud de la Loire. A chaque appel, je jurais comme un charretier dans un chemin malaisé et ne bougeais pas de mon matelas. Martine, résignée, racinienne, se levait avec une simplicité qui forçait l'admiration de notre petite troupe. Ce manège de la communication se répétait depuis quatre ans, tous les jours d'été, toutes les dix minutes. Martine en revenait soit souriante, soit déprimée, selon l'intérêt de l'appel. Jusqu'au jour où elle réapparut hésitant entre le rire et les larmes. Un couple très collet monté (ce qui n'est pas évident en maillot de bain) l'avait apostrophée, l'injuriant, lui éructant à la figure :

« Madame, vous pourriez exercer votre coupable industrie avec un peu plus de discrétion. » Le mari, bien-pensant et bien pansu, avait ajouté avec une pointe d'admiration : « Et, à ce rythme-là, vous ne ferez pas de vieux os. »

Philippe Bouvard avait une collaboratrice au *Figaro,* Jacqueline Chabridon. Je lui ai téléphoné pour l'engager, sur un coup ponctuel. Elle est, par la suite, restée au *Pop* plusieurs années. Elle était là, le soir de la naissance du journal *Libération.*

Maurice Clavel et son équipe excitée lançaient, avec Jean-Paul Sartre, le premier numéro. Occupé à les interviewer, je ne m'étais pas inquiété de l'absence à la table du philosophe Michel Foucault. Contacté par téléphone l'après-midi, il m'avais promis de venir. De temps en temps, dans le Bar noir archicomble, tout au bout je distinguais un crâne chauve qui était là, depuis le début. Jacqueline se penche sur moi et me dit :

« J'ai l'impression que c'est Michel Foucault. »

Elle essaie de traverser la foule, toujours le parcours du combattant, et arrive enfin à la porte de verre pour le voir dévaler l'escalier, fuyant les médias et la foule.

J'ai dîné avec lui quelque temps après. Un peu apprivoisé, il s'est laissé interviewer pour le livre d'un autre dont il avait fait la préface, *Moi, Pierre Rivière*... Il était de ces êtres rares qui, tel Chris Marker, acceptent parfois de parler dans un micro, mais uniquement pour défendre les autres, jamais pour eux. Ils sont timides, authentiques, rassurants, mais pas coopératifs avec les pauvres gens de médias que nous sommes.

Brigitte Kernel, ma réalisatrice actuelle, et François Paturle, mon assistant du moment, adorent rire. Trop. Il leur arrive d'avoir des fous rires, au vue d'un tic, d'un physique d'invité, ou en entendant un lapsus. Etant face à eux, je les vois, et parfois cela me gêne de parler de *boat people*, de famine dans le monde ou de Marguerite Duras devant ces deux faciès hilares. Dieu merci ! les intéressés, étant de dos, ne les voient pas, ou rarement.

Durant l'interview de Jean-Pierre Bouvier, metteur en scène d'un classique, nous avons, au salon Delluc, où se déroulait l'émission, entendu un bruit mat, suivi d'un éclat de rire. Brigitte, François, un technicien et deux ou trois personnes autour de la console technique portative, hoquetaient de rire. Jean-Pierre Bouvier et moi, tout à notre entretien sérieux, étions agacés, ne voyant pas ce qu'il y avait de si drôle, voire de ridicule dans nos propos. Craignant que les dames ne continuent à faire pipi dans leur culotte sur la moquette du Fouquet's, j'ai fait démarrer un disque et demandé une explication. Le preneur de son, mort de fatigue, s'était tout simplement endormi debout, était tombé comme une masse et dormait sur le tapis. Jean-Pierre Bouvier et moi n'avons pas pris ce somme pour un jugement de valeur et avons continué à voix basse pour ne pas le réveiller...

Brigitte Kernel était comme vampirisée par Nastassia Kinski, sur laquelle elle écrivait un livre. Comme elle avait réussi à l'accrocher au cours d'un festival, elles avaient échangé leur téléphone. Le bureau du *Pop* était truffé de micros amplificateurs, prêts à enregistrer si la « divine » appelait. Des posters recouvraient les plannings, et un vent de folie soufflait sur le harem.

C'est grâce à cette table d'écoute passionnée que j'ai pu réaliser, en écoutant les bandes, à quel point les attachées de presse mentaient avec talent afin d'obtenir des rendez-vous à l'émission, par Brigitte interposée :

« Je suis la meilleure amie de José. »

« Je l'ai rencontré hier au Fouquet's, il m'a dit O.K. »

« Je suis la sœur de sa belle-sœur. »

« Nous avons joué ensemble. »

« Il vous en voudra si vous ne prenez pas mes cinq sujets. »

« J'ai couché avec lui. »

Les attachées de presse font ma joie. Pour vous vendre un sujet, elles viennent vous parler confidentiellement, elles vous enveloppent. On dirait qu'elles vont vous raconter une cochonnerie à l'oreille. Un soir, c'était vrai, Anne-Marie me vendait une jeune femme peintre qui trempait ses fesses nues dans la peinture et s'asseyait sur une feuille de bristol. Au vu de plusieurs diapos passionnantes, j'ai pris le sujet et vanté son exposition de papier cul — elle s'appelait lady of Lakanal of Cinalla. Ayant appris que beaucoup de créateurs graphiques me « croquaient » en direct durant les trois heures du *Pop,* elle me proposa gentiment de faire la même chose. J'ai décliné l'offre et ai confié les fesses de mon assistante à l'artiste, ce qui fait que j'ai chez moi un portrait de cette collaboratrice.

Les grandes attachées de presse vous fourguent trois crabes pour un grand nom qui vous intéresse. Certaines se procurent votre téléphone privé et font le siège de votre domicile. Je supporte qu'une attachée de presse téléphone chez moi uniquement si elle a été ma maîtresse ou si elle insiste pour me placer Jean-Paul II, Liz Taylor, Karajan et Gorbatchev ensemble. C'est pourquoi couper le téléphone chez moi de temps en temps est une jouissance comparable à celle de la ballerine qui enlève ses chaussons et son tutu, ou celle de Mitterrand lisant le sondage de Lajoinie.

Au cours du premier Midem[1] à Cannes, nous étions, toute l'équipe du *Pop Club,* Claude Villers, Pierre Lattès et Jacques Morice, logés à l'hôtel Martinez. Le *Pop* commençait à 22 heures et durait

1. Marché international du disque et de l'édition musicale.

trois heures. L'après-midi, nous faisions une émission, *Flirtissimo,* de 17 à 19 heures. Nous devions, ce soir-là, assister au gala américain qui commençait à 20 heures. Je vous donne tous les chiffres, afin de bien poser la situation.

Nous arrivons à l'hôtel à 19 h 15. J'ai, par conséquent, trois quarts d'heure pour me doucher, enfiler un smoking qui est à Cannes ce que le bleu de chauffe est à Billancourt. Quarante-cinq minutes pour faire tout cela et prendre l'auto qui nous mènera au lever de rideau du gala. Mais, ce soir-là, je tombe de sommeil. Je règle donc le scénario qui va me permettre de caser trente minutes de sieste.

« Jacques, tu attendras avec l'auto à 8 heures moins 5. Claude, tu seras gentil de venir me réveiller juste avant, je laisserai ma clé sur la porte ; secoue-moi si je dors, car je n'entendrai pas frapper, j'ai des boules Quiès. »

Notez bien tous ces détails, c'est important. Je prépare mon smoking, chemise déboutonnée, nœud papillon, chaussettes étalées, vernis délassés. Tout sur les fauteuils, à la façon des habilleuses en coulisse, pour un changement rapide. Je prends une douche, me couche, m'endors, et, avec cette terrible sensation de ne pas avoir eu le temps de sombrer dans le sommeil, je suis réveillé par Claude Villers, en face de mon lit, hurlant de rire, pleurant à la limite de la syncope.

« José, à l'heure dite, je suis venu, j'ai vu la clé sur la porte, comme convenu je n'ai pas frappé, j'ai marché dans la petite entrée-couloir qui mène à l'alcôve et j'ai découvert un corps nu, le visage caché dans une revue porno qu'il lisait d'une main, l'autre sacrifiant à Onan. Croyant que c'était toi, pas choqué du tout, mais ne voulant pas te faire sursauter en un instant si délicat, j'ai simplement dit un peu farce : “ bravo. ” La revue porno s'est abaissée précipitamment. Ce n'était pas toi, mais un quadragénaire noir de poils qui a couvert le corps du délit avec son journal ouvert. Je m'étais trompé de chambre. Médusé et muet, moi aussi, j'ai battu en retraite, et me voilà. »

Je ris presque autant que Claude. Je m'habille en catastrophe. Nous descendons rejoindre Pierre Lattès et Jacques Morisse.

Déjà en retard pour le gala, et tous habillés en pingouins, nous décidons à l'unanimité d'attendre près du concierge le galopin en rut qui ne va pas tarder à se pointer pour remettre sa clé n° 342. Nous voulons tous voir cet adolescent prolongé. A l'instant, nous voyons arriver, pressé mais décontracté, le délinquant sifflotant. Il remet sa clé, et, tous ensemble, après avoir vérifié le numéro, nous lançons joyeusement en chœur : « Bravo ! »

Vingt ans après, j'ai un peu honte de la couleur cramoisie qui empourpra la face cachée de cet Italien, correspondant d'un célèbre journal catholique de Rome. Le lendemain, demandant perfidement des nouvelles de mon voisin, le concierge de l'hôtel nous apprit qu'il avait pris l'avion à l'aube. Depuis, à toute l'équipe du *Pop Club*, vous pouvez hocher la tête avec reproche et dire : « Bravo ! » Vous aurez droit à l'anecdote enjolivée. Il y en a même un qui prétend qu'on a vu arriver une soutane, c'est faux.

Un matin, je charge Claude Villers de téléphoner à la résidence londonienne de la princesse Margaret. Je voulais savoir ce qu'elle pensait de l'anoblissement des Beatles par sa sœur, la reine. Il tombe sur le majordome, et, dans un français impeccable, s'entend répondre : « La princesse n'en a rien à foutre. »

Au *Pop,* dans les années 60, il y avait souvent des odeurs de caramel, d'eucalyptus, de tabac d'Orient, parfois d'éther, qui enchantaient les uns, surprenaient les autres, inquiétaient certains, irritaient le nez et les yeux de tous. En particulier le nez, la gorge et les oreilles d'un de mes amis. Il n'était pas oto-rhino-laryngologiste, mais superflic. Toute la journée, il enquêtait, pourchassait, arrêtait des trafiquants de drogue. Ce flic de haut vol, si j'ose dire, reste un des démanteleurs de la *French-American connection.*

Préfère quand même un drogué par piqûre
que par fumette :
avec le premier, tu n'es pas obligé de partager
son vice.

Il n'y a pas de fumeur sans feu.

Vous n'en saurez pas plus.

Pour l'instant, en 1964, les soirs où il n'investit pas à coups de pied dans la porte, arme au poing, un laboratoire clandestin ou une suite luxueuse dans un grand hôtel international, il vient s'asseoir à la table de mes invités pour écouter la musique et les propos des caïds du jazz.

En civil, grand, bien bâti : si l'on n'est pas au courant, on peut ne pas remarquer le léger renflement de ses aisselles, abritant les deux revolvers sous la veste. Ne mélangeant pas sa vie professionnelle et sa vie privée, et, surtout, sachant qu'il n'a en face de lui que de petits utilisateurs anglais, américains ou indiens, consommateurs de fumée, et non dealers prosélytes, il a l'attitude du monsieur qui ne voit rien, qui ne sent rien.

Nous sommes deux, Claude Villers et moi, à savourer son regard ironique et imperturbable. Le chanteur des Moody Blues lui a offert un joint, il a refusé très gentiment. Mike Pinder lui en a glissé un dans sa pochette : « Tu le fumeras plus tard. » Chacun ses goûts : si vous n'aimez pas ça, n'en dégoûtez pas les autres.

Maurice Cullaz, président de l'Académie du jazz, est un homme que j'aime. S'il n'y avait que des gens comme lui, il n'y aurait pas de guerre. Il a la sagesse de Gisors, le père du révolutionnaire Kyo, dans *La Condition humaine.* Il s'éclate en respirant des nuages. Grâce à lui, j'ai pu interviewer les plus grands musiciens noirs dont il est l'ami, de Ray Charles à Louis Armstrong, en passant par Mahalia Jackson ou Duke Ellington.

Il a tout bu et tout vu. Certains soirs, au micro, il ne manque pas de punch, je bois ses paroles et la tête me tourne.

Devant un jour présenter un Africain qui donnait des concerts avec des noms compliqués d'artistes et de lieux à des horaires variés, il commence par bafouiller, se reprend, bafouille à nouveau et finalement dit aux auditeurs et à moi-même : « Attendez, je remets de la tête dans mon ordre. »

Ce soir-là, il était plus noir que son invité.

Pour ma part, je bois moins qu'avant, j'en étais arrivé à avoir un whisky-elbow. J'ai aussi trouvé le joint pour m'arrêter de fumer, lui pas encore.

Maurice Cullaz fait partie des hommes qui ont réhabilité le mot « gentil ». Il est intelligent, humain, non biodégradable, et il lui arrive d'être très drôle, même exprès. Quand il raconte ses algarades tardives, il revit devant nous la scène avec fougue : « Je vais te bourrer la gueule ! — Je m'en charge moi-même ! » ou il ajoute : « Il m'a balancé un coup de pied dans les tibias, je ne pouvais plus boire, on m'a emmené chez le toubib, il m'a donné un tube de pommade à la cocaïne, à moi, tu te rends compte... C'est un grand toubib. »

Parlant de deux personnes qui s'engueulaient : « J'ai réussi à les séparer avant qu'ils se réconcilient. »

J'aime bien finalement les gens qui se cachent pour fumer, ce sont des enfants.

Paresseux par vocation, je suis devenu un homme de radio actif, très vite emporté dans le tourbillon des concessions vidéo-chrétiennes d'une profession inutile et indispensable. Ayant à peu près tout fait à toutes les heures, j'ai toujours, cependant, refusé de devenir l'animateur standardiste.

« Allô, vous m'entendez ?

— ...

— Moi, je vous entends très bien.

— ...

— Allô, madame Ludo ? Dans le cadre de notre émission *Le Quart d'heure de joie artificielle*, je... là... pas très bien... mais... Nous rappellerons Mme Ludo de Rizi-en-Brie dans quelques instants, quand la ligne sera meilleure, quand nos amis techniciens et les merveilleux employés des P.T.T. auront réussi le tour de force de mettre Paris en communication avec la Seine-et-Marne. En attendant, je rappelle que le jeu, ce matin, ne s'adresse qu'aux abonnés du téléphone de la région parisienne... »

Après de nombreux essais de liaisons intersidérantes, on peut écouter d'éminentes consœurs ou de jovials confrères se gargariser de la débile réponse satisfaisante que donnera Mme Ludo à la débile question non satisfaisante qu'aura enfin réussi à poser le préposé giralducien des émissions de la France superficielle et néanmoins profonde. La sérénité des *Incollables,* rebaptisés *Les Grosses Têtes* et le *Jeu des 1 000 francs,* devenu le jeu des 3 000, donnent la preuve que le courrier timbré est plus sûr et paradoxalement plus radiophonique que le téléphone en P.C.V.

J'aime le direct, qui ajoute encore à l'éphémère. Une fois les mots prononcés ou bafouillés, ils sont comme échappés, on ne peut les reprendre. A quatre-vingt-dix pour cent, la radio vend du vent, et pourtant les mots provoquent chez ceux qui les prononcent et ceux qui les entendent des sensations qui engagent le corps entier. Entre le pétard mouillé d'un faux enlèvement de fille de ministre et le scoop fugitif et croustillant d'un détournement de vote sur la Sécurité sociale à la Chambre des députés, endormis ou absents, elle a rarement le temps d'approfondir.

La concurrence est telle que radios et télés

prennent de plus en plus le risque d'informer faux, mais les premiers.

L'animateur de radio devient également camelot ou bateleur : « Nous sommes sur le podium de Radio-Moins, installé sur la merveilleuse place du Marché de la merveilleuse ville de Montceau-Les-Mines, d'où l'on peut apercevoir les merveilleux crassiers, qui comme un écrin entourent la cité. J'ai la joie d'avoir à mes côtés un merveilleux conseiller municipal qui sait lire et écrire, féru de connaissance et plein d'amour pour sa ville natale... Une première question : où êtes-vous né ? »

Et pendant des minutes, le pistolet à confiture rassurera la ménagère surgelée. Elle ne raie plus l'émail de son évier avec des patins à glace, elle laisse ses chiottes comme on aurait aimé les trouver en entrant, elle offre à sa grande fille vierge et pubère le minitampon qui lui permettra de monter à la perche avant l'âge. Mais elle ne possède toujours pas de brosse à dents pour ses gencives en béton Bouygues.

La pub à la radio, à la télé ou dans la presse me réjouit.

Souvenez-vous des bas Testu : « Les femmes n'aiment pas les bas qui filent quand on les enfile », ou de celle de la S.N.C.F. nous montrant une dame rêveuse pour nous confirmer que « les femmes aiment se laisser prendre par le train ».

Le pire n'étant jamais sûr, la distraction d'un régisseur peut ajouter au mauvais goût. Après l'horrible attentat sur un avion de T.W.A., où les hublots arrachés avaient entraîné dans le vide les passagers, la pub d'Orangina, secouée dans une carlingue éclatée faisait réfléchir ceux qui peuvent encore le faire. Remarquez, une page entière d'Yves Saint-Laurent dans *Libération* doit faire un drôle d'effet à Jean-Paul Sartre, à Maurice Clavel et à Michel Foucault, s'ils le voient du paradis des gauchistes purs.

« Lave-vaisselle à tout casser » peut être tout aussi valable que cette publicité que nous avons lue sur la porte d'une petite auberge : « Ici, télévision au feu de bois. »

Quelques jours après avoir permis une mini-chasse aux sorcières de la pub à la radio et à la télévision, le général de Gaulle prend la parole sur tous les réseaux et souhaite à tous les ménages français de posséder un Frigidaire, au lieu de dire « réfrigérateur ».

Je lui ai envoyé une lettre de mise en garde très ferme.

La publicité peut provoquer des dialogues savoureux en famille :

« Pour Noël et tes cinq ans, qu'est-ce que tu veux, ma petite Sylvie ?

— Un minitampon.

— T'es folle... pourquoi ?

— Parce que avec, on peut tout faire... du cheval... de la bicyclette... nager, sauter à la corde...

Traquant depuis plus de trente ans les personnalités et les inconnus, mes soirées sont constellées d'étoiles filantes, de gens qui viennent de nulle part et vont, quoi qu'ils disent, quoi qu'ils pensent, de concession en concession, gagner la perpétuité.

Il faut capter leur émotion de condamnés à mort, apprivoiser, rassurer ou titiller l'interviewé, lui faire oublier le micro qu'il a dans la main droite au profit du verre qu'il a dans la main gauche... J'en ai vu qui, troublés, buvaient au micro et parlaient dans leur verre.

Il est plus intéressant de jauger les êtres plutôt que de les juger. Ce qu'ils sont me passionne plus que ce qu'ils vendent. Quand j'ai vu leur film, leur pièce, leur exposition ou lu leur livre, je me révèle plus bavard que jamais, et ils ont peu de chances de pouvoir en placer une, comme on dit. Je ne résiste pas au plaisir de leur vendre ma conscience professionnelle. Devenant pour le coup discret, envieux et attentif, lorsque je ne connais que peu ou prou le sujet traité. Je m'observe en souriant, chroniqueur plus ou moins mondain qui se renseigne. Un métier de pute, en somme.

Il m'est arrivé de confondre une fois deux invités, c'était pendant un festival de cinéma. Sur la liste griffonnée des cinéastes attendus, un Brésilien dont j'avais vu le film et un Allemand d'avant-garde dont le film avait échappé à ma curiosité. Mon assistante installe l'invité en face de moi. Un français impeccable, pas d'accent, anonyme dans son jean. Je commence, respectant l'ordre de ma liste, à lui raconter son film, à décrire les magnifiques paysages déchirés par les immenses défricheuses transamazoniennes, les Indiens chassés de leur village par le progrès... Plus j'avançais dans mon enthousiasme descriptif, plus je voyais dans le regard de mon interlocuteur un étonnement croissant, souligné par un silence qui m'obligeait à en remettre, à combler les méchants blancs. Mon assistante agitait ses jolis bras dans le dos du cinéaste allemand, dont le film se passait dans une cave de Berlin bourrée de terroristes. J'ai commencé à freiner, comme dans les dessins animés, à établir des parallèles confus à la Paul Vergès entre la misère indienne soumise et la bande à Baader.

Dans le dernier œil ouvert de mon vis-à-vis, je lisais parmi plusieurs pensées, une précise : « Mon entourage, mon attachée de presse m'ont vanté le professionnalisme de ce mec, son émission dure depuis longtemps, il n'a pas l'air ivre... C'est moi qui dois me tromper, peut-être bien qu'un parallèle est évident et qu'il m'a échappé... Je vais attendre que ça se passe... l'important est que l'on parle de mon court métrage. » Au bout d'un quart d'heure d'efforts à remonter la pente de mon erreur et de ma confusion, je l'ai laissé partir.

En partant, il m'a déclaré : « Je n'ai jamais eu une interview comme ça. »

J'ai attendu qu'il soit parti pour parler du film brésilien qui venait de « s'installer » à la table.

Les Platters arrivent un soir. Ils portent tous les quatre une veste de couleur chatoyante, chacune différente. Voulant leur faire plaisir, d'une part, et d'avoir l'air au parfum, d'autre part, je confie à mon assistant le soin de demander à l'escorteur de service le nom précis de chacun. Je me fais un petit plan direct de la table avec des flèches dirigées sur chaque artiste, avec la couleur de sa veste et son nom. Je vais récupérer leur disque dans la cabine, je me rassieds en face d'eux. Entre-temps, ils s'étaient levés pour se servir à boire. Il faisait chaud ; ils avaient tous enlevé leur veste et portaient des chemises de couleur exactement inversée. Je me suis planté avec bonheur pour tous les quatre... Dans le noir jusqu'au cou !

Dans la presse tant écrite que parlée, le journaliste, le critique ne peut plus matériellement « tout voir ». Il faut choisir : parler des choses sans les avoir vues, ou voir tout et ne plus avoir le temps d'en parler.

L'arbitraire et l'injustice qui président au choix des sujets traités sont les mamelles vénéneuses de ce métier où l'immense talent n'est pas indispensable. Il suffit d'avoir de la santé, de la mémoire, de la ponctualité et surtout de la chance pour réussir, la chance de plaire à son directeur. Sans cette condition, vous ne saurez jamais si vous remplissez celle de plaire au public. *C.Q.F.D.*

Le directeur, qui bien souvent ne sait pas

comment il s'est retrouvé à son poste, est un personnage fascinant. Il faut se donner le temps de l'étudier objectivement. Pour essayer de le comprendre, il s'agit tout d'abord de bien connaître sa vie privée, de savoir à quelle famille politique il appartient. Quelquefois, la fonction crée l'organe, et il se révèle un pro de l'audio, un maître dans l'art de manier le P.A.F.

En majorité, ce sont des amis de ladite majorité plus ou moins intimes des grands comiques de l'Etat. La Cour des comptes, le Conseil d'Etat et l'Ena fournissent le reste. Les derniers étant les plus emmerdants, mais les plus décontractés, sachant qu'ils retourneront de toute façon à leur corps d'origine. Le drame est le changement de cap radical que « presque[1] » tous veulent imposer, leur souci principal étant d'innover, de faire preuve d'originalité constructive. Ils se désirent différents. Ils ne savent pas encore que tout a été déjà expérimenté et que la radio et la télé resteront toujours, avec ou sans image, de la parole alternée avec de la musique, des mots et des notes, rien de plus. Le seul vrai problème sur l'antenne étant : quel mot et quelle note ? Ça, c'est le vrai travail du vrai animateur.

1. Mot indispensable de prudence, l'auteur animateur étant encore en activité.

J'ai connu un directeur qui détestait la musique et adorait les notes... de service. Elles ont tendance à s'espacer et à être plus neutres qu'avant. Au début de ma vie d'homme de radio, elles se ramassaient à la pelle.

Si l'avant-veille du vendredi saint il m'est recommandé de tenir compte du caractère sacré de cette journée, la direction est catholique ; si l'Académie-française ne doit être citée qu'avec respect, le P.-D.G. veut y entrer. Si, au vu des prévisions de programme, la mise en garde concerne la présence annoncée de Cohn-Bendit ou de Michel de Saint Pierre, le directeur est selon le cas de droite ou de gauche, ou simplement frileux. La pire de toutes les notes de service est orale, plus pernicieuse. La seule parade : demander suavement une confirmation par écrit, qui ne vient jamais, et faire le dos rond du roseau pensant. Sauf ces exceptions, il ne faut jamais se réjouir du départ d'un directeur, ça peut devenir pis.

Un directeur de mes amis n'aimait pas la réussite facile. Tout lui paraissant difficile, ma désinvolture apparente et ma décontraction de coquetterie l'irritaient au plus haut point. Il aimait les mots en *isme* et en *tion*, qui sont les plaies néfastes de toute administration aux manches de lustrine dans la tête. Il aimait me torturer avec tendresse, et me défendait toujours si on m'attaquait.

Roland Dhordain qui reste un des plus grands directeurs caractériels de la radio française, me demandait parfois mon avis, voire des idées. Je déparlais, donnais des idées, suggérais des opérations artistiques... Il n'y trouvait rien de bien extraordinaire. Deux ou trois jours après, il m'appelait dans son bureau et me disait : « J'ai eu une idée pour toi à la rentrée », et me décrivait ce que je lui avais dit quelque vingt-quatre heures avant. Il ne me restait qu'à trouver cette idée très bonne.

Un autre voulait toujours être interviewé, et comme personne n'en voulait, tout le monde se le refilait.

Un autre, surnommé Quéquette-Buvette-Bronzette, téléphonait beaucoup et avait du charme. Il préférait Vitatop à son bureau, et faisait de l' « absinthéisme ».

J'ai connu des directeurs de radio partis avant d'être arrivés ; d'autres apprenaient leur limogeage dans la voiture qui les amenait à leur bureau. L'un deux, très cultivé, parlait Vaugelas : « Le deuxième éclairage que je voudrais imposer à votre patience » remplaçait : « Je vous donne une deuxième précision. » Il est question d'imposer le français comme première langue à l'Ena.

J'ai été amoureux de mes pédégères. Jacqueline Baudrier, ayant appris par un zélé délateur que je présentais la Fête de *L'Huma,* n'a fait aucune remarque. Elle m'a seulement dit : « Etait-ce bien nécessaire ? » C'est quand même plus mignon qu'une note de service.

Michèle Cotta, qui continue sa carrière de béton, est aussi sexy en tailleur qu'en maillot de bain imitation panthère. Elle m'a facilité le travail en me foutant une paix royale. Elle a du charme, de l'intelligence, et s'en sert. Par dignité, je n'envoie jamais de mot à un P.-D.G. qui arrive mais, par courtoisie, toujours à celui qui s'en va. J'achète à la baisse, je les console. Avec les directeurs, j'en ai vu passer près de cent.

Au micro, il ne faut jamais dire « Mince ! », mais on peut dire « Merde ! ». Mince, c'est Merde endimanché.

Au micro, il faut toujours rechercher le naturel. Louis Jouvet, un soir chez François Périer, m'a dit : « A la radio pas plus qu'au théâtre il ne faut prendre une voix de circonstance, mais garder celle qu'on a reçue à la naissance. Si ça ne marche pas avec elle, ça ne marchera pas plus en la changeant. Mais si ça marche avec, on se donnera beaucoup moins de mal toute sa vie. »

Comme disait Cocteau, il ne faut pas « poéter » plus haut que son cul. On me reproche parfois un langage trop familier, plutôt vulgaire. Possible. Mais c'est préférable au langage composé, académique et anémié de certains « intellichiants ».

Le langage violent de Topor, d'Arrabal, de Coluche, de Depardieu, de Bukowski ou de Sanguinetti passe très bien. Cavanna n'est pas vulgaire, il est populaire. Pour être direct, il faut être un peu provocateur. Je veux pouvoir appeler un chat un chat, donc un con un con.

Un jour de reportage, j'ai involontairement bousculé une dame qui arpentait le macadam. Le soir, au micro, j'ai relaté en dix secondes l'incident en répétant mot pour mot la dernière réplique de cette dame truculente : « Je suis une pute qui fait le trottoir et qui te dit : " Planque tes miches ". » A l'époque de Pierre de Boisdeffre, directeur, j'aurais dû dire : « C'était une péripatéticienne, une femme qui faisait le plus vieux métier du monde et qui rétorqua, parlant à ma personne : « Vous devriez pousser légèrement votre rondeur callipyge. »

Il est nettement plus choquant pour l'oreille de ne pas essayer d'éviter l'emploi abusif d'*e* muets à la fin des mots qui n'en comportent pas : « Alors...*re*... l'arqu*e* de triomphe, le parqu*e* de Versailles, le ducqu*e* de Cas*tri* de Bro*gli*... »

Ceux qui *ramènent* un disque au lieu de le rapporter, ceux qui annoncent : « *Derrière* ce disque, je... », au lieu de : « Après ce disque... », le plus fréquent et le plus laid étant : « C'est votre *combientième* disque ? »

Il ne faut surtout pas assimiler les faiblesses de langage aux savoureuses perles que nous commettons tous.

En juillet 1987, le 24 pour être précis, Roger

Gicquel annonce qu'une photo récente de Jean-Paul Kauffmann accompagne le message des monstres et commente : « Il est donc vivant... Sur la photo, il semble abattu. »

Quelques annonces sont superbes, par exemple : « Navigateur solitaire cherche équipier. »

Au *Pop :* « Les associations d'handicapés se tirent dans les pattes. »

Sur France-Inter, au journal de 10 heures, le 27 janvier : « Un vieil homme qui a eu de la chance : il s'est jeté sous le métro, il n'a été que légèrement blessé. »

Un soir au *Pop,* encore :

Le docteur P... — « L'acupuncture est une médecine de pointe.

Moi. — C'est très drôle.

Le docteur P... — Je ne vois vraiment pas, José Artur, ce que vous trouvez de drôle dans le fait que l'acupuncture sorte enfin de son ghetto. »

On peut être un bon médecin et manquer d'humour !

Le 30 octobre 1979, le docteur Pierre Simon déclarait, très docte : « Passé trente ans, la femme doit choisir entre la cigarette et la pilule... J'accorde un compromis, poursuit-il : la pipe. »

Ou encore :

« L'automobiliste est prié de s'arrêter tout de suite, car il n'a pas de freins. »

« Un vol qualifié, inqualifiable. »

« J'ai reçu une lettre anonyme.

— Ah oui, de qui ? »

« Les otages américains de Beyrouth dans leur consulat jouaient aux ambassadeurs. »

« Noah est une grande braguette de tennis... heu... une grande raquette de tennis. »

« Montmartre est un cimetière plein de vie. »

« Le nègre a été complètement blanchi des accusations. »

André Lemas, un samedi de 1979, au « 12 heures » : « Nous sommes un peu dans le noir à Abidjan. »

Au *Pop,* de nouveau : « L'arrêt du Cuc est la meilleure solution possible. »

Gérard Klein, le 24 janvier 1980, passe avec enthousiasme un Jacques Brel et conclut, exubérant : « Ce Jacques Brel, quelle santé ! »

Jean-Louis Foulquier, à 18 h 26, le mercredi 3 février 1983 : « Jean-Michel Caradec, il n'a pas eu le temps d'exploser. »

François Foucaut, le 5 février 1975 à 0 h 7[1] : « Ce que je vais dire maintenant ne concerne que les sourds-muets. »

Un soir, au *Pop,* un tout jeune chanteur débutait ; il avait peur, il était touchant et talentueux. Le public étant un peu bruyant, je dis « *Chut* à la salle, et c'est le chanteur qui s'est arrêté au milieu de sa chanson... »

1. Je note tout !

J'ai reçu beaucoup de grandes gueules, des timides, des riches, des pauvres, des ascètes et des imbibés notoires. Ces foies-là, les plus célèbres, de Nougaro à Gainsbourg, de Richard Bohringer à Antoine Blondin, ont toujours été pour moi sinon un sujet d'envie, tout au moins un sujet d'admiration, la même que je ressens à Wimbledon ou à Roland-Garros devant un service de McEnroe ou une balle liftée de Lendl. J'ai une raquette, il m'arrive de jouer au tennis ou de croire que je joue au tennis.

J'ai des bouteilles et des verres, il m'arrive aussi de boire consciencieusement, voire avec application, mais pas plus qu'au tennis je ne pourrais espérer être classé un jour dans les grands buveurs internationaux. C'est peut-être de cela que je souffre le plus : n'avoir jamais pu approfondir aucune discipline. Né papillon, j'effleure les interviewés sans avoir le temps de les rendre plus intéressants qu'ils ne sont. Au fond, j'aurais dû être moine à l'abbaye de Solesmes et chanter matines.

Au micro, un homme qui a bu est parfois émouvant, parfois drôle et toujours chiant. Les pires sont ceux qui viennent de décider par force de s'arrêter. Les anciens combattants de la cirrhose, prosélytes de la « fenêtre médicale » que la Faculté leur a imposée.

Rares sont ceux qui échappent à la règle.

René Fallet, un des merveilleux hommes qui lui

aussi venait du foie, faisait partie des externes surveillés de l'émission. Il venait chaque saison avec son dernier livre, nous rassurer sur sa puissance sexuelle et sur l'invulnérabilité de son pancréas.

Ce soir-là, il faisait le service après écriture de *L'Angevine*. Dans cet ouvrage, René Fallet nous rappelait avec délectation que l'amour et l'alcool menaient sa vie. Le sexe au garde-à-vous était présent partout, triomphant à toutes les pages, à tous les pages... Comme dans sa vie, René Fallet, truculent et volubile, nous apprenait dans son ouvrage que sa libido était sortie vainqueur du fabuleux combat que se livraient en lui, depuis quarante ans, son fabuleux sexe et son fabuleux pancréas. Le dernier venait de lui être enlevé.

Nous sommes tous enterrés, petit bout par petit bout, nous avons tous, au minimum, un appendice, une verrue ou des amygdales qui dorment en terre chrétienne et nous attendent.

Mes amygdales à moi reposent dans le ventre de mon chat. Opéré chez moi par le chirurgien Rémi Néris, mon siamois a sauté sur le haricot d'émail blanc, entraînant sous mon lit son larcin.

Tous les animaux m'adorent.

Les abats, dans un homme, c'est très important au départ, mais pas toujours indispensable à l'arrivée. Ce ne sont pas les tripiers de luxe que sont les chirurgiens du mou, comme le nom l'indique, qui vous diront le contraire.

N'ayant pas bu une goutte d'alcool durant

l'interview, René Fallet est reparti à jeun, me lançant de la porte, autant par bravade que par désespoir : « Rassure-toi, José, je vais craquer à nouveau, je ne sais pas quand, je te réserve le scoop. »

Dieu lui a épargné ce problème, en nous privant d'un brillant provocateur qui savait écrire et parler entre les vignes. Deux phrases qu'il aimait répéter au micro : « Je dois prendre un médicament à jeun, c'est par conséquent impossible, donc je ne me soigne pas », et : « Quand je bois du vin, je suis un autre homme, alors ce type, à son tour, a droit à un verre. »

Le célèbre café *Le Dôme* fêtait son anniversaire et la rénovation de ses locaux. Le *Pop Club* y était évidemment installé, dans une atmosphère de fête délirante. Le Tout-Paris jeune et le Tout-Montparnasse âgé étaient là. Parmi les exclamations de vieux rapins qui se retrouvaient après vingt ans d'atelier maudit, stars de la peinture établies, comédiens et auteurs de tout bord refaisaient le monde. Ils recherchaient ou évitaient mon micro. Mes assistants faisaient mon marché et, dans le couffin, me ramenaient Carzou, Touchague, Romy Schneider, Claude Sautet... Nous avions posé notre matériel volant de radio entre deux dessertes remplies de verres à pied. Un trio de mes amis, Marcel Dalio, Claude Dauphin et Pierre Brasseur, dans un état proche du Beaujolais m'aperçoivent et entreprennent de venir à ma table. Dalio et Dauphin essaient de se faufiler, Pierre Brasseur se couche avec fracas sur la desserte de verres sales, et sa tête, à la hauteur du micro, me décrit, avec son génie fouillis, ses premières virées dans le Montparnasse des années 20. Il me raconte avoir vu Modigliani, ivre mort, monter sur un réverbère et rallumer son cigare à la flamme de la lanterne. Il prête des mots à Picasso, il emprunte des histoires entières et les restitue, améliorées, il donne des coups de pied dans la desserte et me déclare, péremptoire : « Je reste avec toi, je fais l'émission. » Le bruit ambiant était tel que le technicien casqué me colle des écouteurs sur les oreilles, et je tends le micro à Touchague, qui dessinait sur un menu. Il me narre ses débuts, ses impressions, et commence à me décrire la scène la plus extraordinaire à laquelle il avait assisté. Modigliani montant allumer sa pipe au bec de gaz du trottoir d'en face. Touchague s'éloigne, Dalio encordé à Claude Dauphin parvient enfin au bivouac et entreprend de décrire cette scène inoubliable où Modigliani...

En plus des auditeurs, seuls le technicien casqué et moi avons pu apprécier, les autres ne s'entendant pas entre eux, dans le vacarme joyeux et bachique.

Première hypothèse : Modi allumait son cigare tous les soirs aux frais de Gaz de France.

Seconde hypothèse : ils étaient tous séparément passés exactement au moment précis où Modigliani, imbibé, n'avait plus d'allumettes.

De toute façon, ils fabriquaient la petite histoire de l'avenir en pratiquant le « mentir vrai », ne faisant qu'enjoliver leurs propres souvenirs confondus. Paul Valéry le pensait aussi : inventer, c'est se souvenir, c'est toujours la petite histoire qui a fabriqué la grande.

Si tous les gens qui sont sûrs d'avoir vu Jacques Brel revenir en peignoir sur scène à son dernier concert d'adieux avaient vraiment été dans la salle ce soir-là, il aurait fallu le parc des Princes, et pas l'Olympia.

C'est peut-être ce que je suis aussi en train de faire en ce moment. Ce qui est excessif est dérisoire au présent et devient chatoyant dans le souvenir. On peut violer l'histoire, à condition de lui faire un bel enfant.

Allez savoir si Picasso, à qui une très riche Américaine, accompagnant son mari d'acheteur et prenant un air dubitatif, avait murmuré : « Mais enfin, maître, qu'est-ce que ça représente ? » s'était entendu répondre : « 400 millions, madame. »

On connaît aussi ce dialogue entre Darius Milhaud et un couple de beaufs :

« Ah, c'est vous qui avez écrit ça, nous n'aimons pas du tout.

— Mais ça n'a aucune importance, madame ! »

Ça a tout de même plus d'allure (et c'est plus percutant) qu'un coup de poing dans la gueule !

Le verbe être
est plus noble que
le verbe avoir.

Tout être qui aura tenté de vivre,
sera puni de mort.

Pierre Brasseur pissait du champagne vingt-quatre heures sur vingt-quatre, et moi, je l'aidais dans la mesure de *ses* moyens.

Il m'aimait bien, mais, pour tout le reste, son affection était imprévisible. Chaleureuse, attentive, despotique avec des plates-formes de caprices enfantins et des bouderies qui pouvaient durer deux apéritifs.

Pendant la tournée de *Kean,* nos petits déjeuners se prenaient en bout de nuit, sans café au lait, mais avec des tripes ou du bœuf bourguignon. Il commandait six ou sept plats et mangeait peu.

Parfois, il partait seul, très vite après la représentation, échappant à la surveillance rapprochée qu'exerçait sur lui son entourage...

Un jour, à Lille, je suis réveillé par son chauffeur, chouchou, souffre-douleur, confident, complice et grand gagnant de ses distractions d'argent de poche. Pierre Brasseur est introuvable, et nous jouons *Kean* le soir même, à trois cents kilomètres de là — le car des comédiens est déjà parti, ainsi que le camion des décors.

Lina Magrini, sa femme, sa chouchoute, sa souffre-douleur, sa confidente, sa complice et grande bénéficiaire de ses distractions bancaires, reste dans sa suite d'hôtel, me dit-elle, au cas où Pierre, dans ses brumes du matin, se pointerait...

Nous partons et commençons de jour la tournée des boîtes de nuit et des bars à putes.

Comme dans les feuilletons de série B de la Cinq, ce n'est qu'au bout d'une heure de porte-à-porte que nous le trouvons, plus noir que le Négus, plus majestueux que *Kean* lui-même, une femme sous chaque bras, affalé devant une table basse chargée de reliefs fatigués.

En nous apercevant, il se met dans une colère terrible, me traite de petit con, de vendu et d'espion. Ses yeux embués de fatigue et d'alcool et de gêne deviennent méchants. Il vient de réaliser que son chauffeur veut l'entraîner vers la voiture, il se lève, raspoutinien, et veut le bousculer... J'essaie d'aider, sans succès. Il se tourne vers moi, son chauffeur prend un plateau à café et lui en donne un coup sur la tête comme dans les films de Charlot.

Légèrement groggy, Pierre se laisse entraîner. Son chauffeur cherche dans les poches de ce dernier un mouchoir et s'inquiète : « Lina m'a dit qu'il avait beaucoup d'argent sur lui, les défraiements de trois jours — il n'a plus rien dans les poches ! »

Je rentre dans le bar, me plante devant les deux dames de compagnie et leur réclame l'argent. Au hasard, je dis : « Il avait 300 000 francs sur lui. »

N'osant y croire, j'entends : « Oui, mais il en a dépensé au moins la moitié en champagne », et elles me rendent le reste sans discuter.

On ne peut pas mettre ce dialogue ni cette scène dans un film, cela ferait bidon. Par l'administrateur, j'ai su ensuite que c'était 500 000 francs reçus la veille qu'il avait sur lui. Ma fierté d'avoir terrorisé ces dames en a pris un sérieux coup. C'étaient elles qui m'avaient niqué — ce qui, au fond, vu leur profession, était bien normal.

Quand Lina est partie — définitivement —, il était très malheureux. Il a appelé deux personnes, Simone Signoret et moi. Je suis passé prendre la femme la plus formidable que j'aie rencontrée et nous sommes arrivés, rue de Buenos-Aires, où, superbement malheureux et indécent sous un peignoir blanc en éponge, il essayait de parader avec deux dames légèrement vêtues et légèrement vénales. Son chagrin agressif, son orgueil blessé et sa solitude du moment en faisaient un enfant malheureux.

Simone Signoret a été sublime, une fois de plus, drôle, attentive, chef d'orchestre : « Bon, mesdames, merci pour tout, on se charge du reste. Vous pouvez vous rhabiller. Laissez votre numéro de téléphone dans l'entrée, ça sera peut-être utile ce soir. Bonjour chez vous. »

Pierre Brasseur, poète et provocateur, était capable de tout.

Nous étions à Tunis quelques semaines avant l'indépendance, en pleine tension dramatique et parfois sanglante. Le Tunisia Palace, dernière oasis de calme protégé, abritait une partie de la troupe. Le car qui devait nous emmener à l'avion attendait entre deux Jeep, nous étions à table, Pierre, Lina et moi. Une odeur de jasmin et de mouton rance flottait dans le patio. A quelques mètres de nous, une mère de famille, flanquée de quatre enfants, tentait de protéger sa progéniture des mouches agressives qui attaquaient en piqué les tartines de confiture des petits colons en partance. La maman faisait exactement le contraire de ce qu'il faut : elle se livrait à des moulinets désespérés et disproportionnés, tapait avec son espadrille sur les bras et les cuisses de ses bambins hurleurs, tâchant d'abattre ces stukas qui semblaient s'être définitivement rangés du côté des indépendantistes.

Agacé par les cris et le bruit, je surveillais Pierre, craignant le pis — il était capable du pis. Je le vois se lever doucement et l'entends dire, onctueux et mondain, à cette mère : « Il n'y a qu'un seul moyen de vous en sortir : sacrifiez le plus petit. Enduisez-le de miel et attachez-le au palmier isolé, au fond de la cour. »

Devant recevoir une troupe fêtant la quatre cent cinquantième d'un spectacle, je demande à mon assistant d'aller enregistrer un extrait de la pièce. Il ne peut le faire, faute de voiture technique libre, oublie de me dire qu'il a, à la place, retrouvé un enregistrement de ladite pièce, réalisé lors des toutes premières.

Les deux vedettes étaient les mêmes, l'interprète du troisième rôle avait été remplacée par une ravissante jeune comédienne d'à peine vingt ans.

Je pose quelques questions d'une banalité courtoise et conclus en leur annonçant la surprise de s'entendre dans la nouvelle version.

Tandis que la bande se déroule tout autour des oreilles de l'Hexagone ébloui, je réalise que nous entendons sur ce document la jeune créatrice, et non la voix de la charmante nymphette que j'ai sur les genoux radiophoniques. Les deux protagonistes principaux commentent brièvement la scène; n'écoutant, comme la plupart du temps, que leur rôle, ils ne s'aperçoivent de rien, et, au moment où je m'apprête à m'excuser de ce fâcheux contretemps, la nouvelle venue se penche sur moi et me dit : « Décidément, je n'aime pas ma voix, et puis, vraiment, j'étais à chier, ce soir-là. »

Je lui explique le malentendu et exprime mes regrets. La vedette achève de me déculpabiliser en ajoutant à son adresse : « Rassure-toi, ma chérie, tu es mille fois mieux qu'était ma copine. »

C'est là qu'il faut savoir ne rien ajouter. Dans les métiers de radio ou de télé, il existe un problème délicat et controversé par les autorités successives : le doublon. Il faut éviter de programmer, le même jour ou la même semaine, un artiste ou un spectacle deux ou trois fois de suite.

J'ai connu un responsable qui était un véritable obsédé du doublon. Il prenait la piste dès l'aube, se glissait, silencieux, dans les kilomètres de couloirs de la maison de Radio France, restait tapi dans l'ombre d'une porte verte, et, quand passait le gibier, il assenait sans pitié sa pique meurtrière :

« A l'étude approfondie de la programmation, des disques sur la feuille des droits d'auteur, j'ai pu constater que Barbara est passée soixante fois cette semaine sur l'ensemble de la chaîne, alors que Simone Alma n'a été entendue qu'une seule fois dans *Les Cinglés du music-hall,* de Jean-Christophe Averty. »

Le doublon est un animal sauvage, né des amours coupables du matraquage et du copinage, ces deux petits fléaux inévitables d'un peuple auditif qui préfère reconnaître que connaître, car connaître demande un effort.

En ce qui concerne les interviews de promotion, le télescopage s'explique aisément : le créateur, s'isolant pour peindre, écrire, répéter ou tourner, souvent loin de Paris, n'a aucun intérêt à accepter de déranger son travail, afin de meubler gratuitement les écrans et les ondes. En revanche, quand son livre, son film ou ses tableaux sont prêts pour la diffusion, il ne demande qu'à « faire les cuivres », service après-vente oblige ! Cela de très bonne humeur, et même de très bonne heure.

Si l'animateur n'est pas vigilant ou s'il est trop paresseux, les attachés de presse deviennent vite programmateurs des différentes chaînes : ils appellent cette période le « tir groupé ». Les directeurs que j'ai vus passer avaient tous des théories diamétralement opposées et des méthodes plus ou moins plaisantes à propos de la programmation musicale, du laxisme coupable à la dictature de pacotille. C'est la raison pour laquelle je préconise depuis toujours le système américain, allemand ou anglais : payer l'invité, même en autopromotion — un cachet symbolique, même minime, l'obligeant à être à l'heure, le rendant partie prenante du déroulement du magazine où il veut sévir et laissant au producteur toute latitude de jugement. Un argument de plus à l'appui de ma suggestion : en cas de projo sur la gueule, l'invité est assuré automatiquement par son contrat. Personnellement, je prétends qu'il vaut mieux Yves Montand, Higelin ou Barbara quatre fois dans la même journée plutôt que Carlo Nell une fois par an. Au moins, sur les postes nationaux, la notion de matraquage d'un titre de chanson n'a jamais existé et n'existera jamais.

Une certitude : mes interviews ne peuvent en aucun cas doublonner avec celles de mes confrères — chez eux, l'interviewé parle, dans mes émissions, c'est moi ! Le secret de l'interview consiste à poser une question de départ, à écouter la réplique et à répondre naturellement. Une conversation de bistrot ou de salon ! Ne jamais perdre de vue que l'invité aime qu'on lui dise ce qu'il veut entendre ; je n'en ai jamais vu un s'endormir, si on lui dit qu'il est voltairien ou proustien. Ce qui est plus délicat, c'est de ne pas s'endormir soi-même.

Cela m'est arrivé deux fois.

Interviewer George Balanchine n'importe où, à n'importe quelle heure, était une de mes ambitions de jeune homme de radio, un but, une obsession.

Un de mes collaborateurs réussit enfin à m'obtenir la connexion ! Le rendez-vous attendu aurait lieu, le mardi suivant, au Covent Garden de Londres, à 9 heures du matin.

Le *Pop Club* se terminait à 1 heure dans la nuit, à Paris. Couché à 2, j'organise mon lever à 5 pour ne point manquer l'avion de 6 heures.

N'ayant pas réussi à m'endormir malgré un somnifère tardif, je débarque à Heathrow avec mon assistant : Laurel et Hardy drogués. Arrivé au théâtre, je vois le maître, entouré d'une nuée de mouches chorégraphiques, occupé, très occupé à régler un pas de deux. Son bras droit ou sa jambe gauche me demandant d'attendre, je m'assieds sur la banquette du foyer.

Une heure passe, puis deux. Un sursaut me sort de ma torpeur comateuse, j'agrippe un tutu qui passe et je précise qu'un avion pour Paris m'attend impérativement au début de l'après-midi. La réponse de Balanchine m'arrive indirectement : « Il veut bien que vous vous asseyiez dans la salle à côté de lui ! » Je me lève, comblé et titubant de fatigue, m'assieds en douceur. Le maître, sans se laisser aller à jeter un regard sur moi, me fait signe de ne faire aucun bruit.

Je m'endors. Puis suis réveillé à coups de « ballet » par mon technicien, qui venait d'enregistrer George Blanchine s'adressant enfin à mes yeux fermés : « Alors, jeune homme, vous aimez mes chorégraphies et vous vouliez me voir... »

Ce fut très gênant, Arthur London au troisième interrogatoire dans *L'Aveu*. Tout peut arriver au micro quotidien.

Je me souviens également de m'être endormi lors d'un dialogue avec le grand spécialiste des mammifères, le professeur Grasset. Il parlait d'une voix monocorde et était fort intéressant. Epuisé de fatigue malhonnête, bercé, tel un bambin, par le ronron érudit et zoologique, je me suis assoupi en énonçant une question (ce qui est, paraît-il, physiologiquement rarissime).

Mon assistante, effarée, n'a su que m'excuser. Très élégamment, le professeur a enchaîné sur la mouche tsé-tsé et le singe paresseux — aï, pour les cruciverbistes.

Le sommeil n'est pas toujours un jugement de valeur. On s'endort bien au volant d'une belle voiture, avec une jolie fille à la place du mort sur une superbe route de l'Estérel.

Heureusement, ces endormissements spontanés sont extrêmement rares chez le primate radiophonique. Parfois, il suffit de se poser mentalement des boules Quiès à l'intérieur de la tête. Rempli d'indifférence et de disponibilité, avant et après l'interview, plein de curiosité pendant, il faut, dans ce cas, savoir se purger le cerveau et la mémoire, vider les ballasts chaque soir.

Si les invités du *Pop Club*, étaient presque tous intéressants, un grand nombre, en revanche, se révélaient surtout intéressés. Il est ainsi difficile d'éviter le genre d'émission radiophonique concernant plus la famille ou la troupe de l'interviewé que la totalité des auditeurs.

Le corollaire de cette théorie est l'aberrante énumération des génériques-fleuves, qui, à part la grand-mère du monteur ou la grande fille du régisseur, n'intéresse personne et bouffe, en amont et en aval de l'émission, trois minutes très chères — au tarif de la pub, *Vanitas*.

Il existe autant d'espèces d'invités parleurs que de sortes de fromages :

— ceux qui n'ont rien à dire et n'arrêtent pas de le dire ;

— ceux qui ont des yeux et pas de regard ;

— ceux qui s'ennuient quand ils arrêtent de parler (avec moi, ils souffrent !) ;

— ceux qui marquent leur époque par leur insignifiance ;

— ceux qui sont d'une « ignorance encyclopédique » ;

— ceux qui vivent plus leur biographie que leur vie ;

— ceux qui veulent vous apprendre ce qu'ils ignorent ;

— ceux qui sont déjà morts et ne le savent pas [1] ;
— ceux qui s'assoient sur les micros et les cherchent du regard ;
— ceux qui croient que la parole a été donnée à l'homme pour se taire ;
— ceux qui sont cons, même quand ils se taisent ;
— ceux qui peuvent parler de tout, deux minutes ;
— ceux qui peuvent parler de rien, deux heures ;
— ceux qui sentent l'ail, même quand ils ont mangé des fraises ;
— ceux qui « Je m'excuse si je vous demande pardon » ;
— ceux qui croient que ne pas se laver affine le génie ;
— ceux qui ressemblent à des savonnettes ;
— ceux qui sentent de la tête...

Pour tous ceux-là qui défilent, qui m'attristent, il y a tous les autres. Ceux dont la voix radiophonique est un gros plan sur le cœur.

Ceux qui vous rendent intelligents rien qu'en les écoutant. Néanmoins, il m'est arrivé une dizaine de fois, en trente ans de métier, de brusquement m'ennuyer à mourir, dans le vrai sens du mot, une sorte d'angoisse sournoise, celle qui précède la dépression nerveuse. Cette angoisse frise le malaise physique, faisant place, Dieu merci ! presque

1. *Has-been,* en anglais.

immédiatement à une colère intérieure, salutaire, due à mes souches paysannes, maritimes et bretonnes. Je regarde le radis creux porte-parole de sa banalité qui bavasse, qui trissotinnise — qui pense que Kafka n'est pas aussi kafkaien qu'on le croit, que la verticalité théâtrale est plus pirandellienne que brechtienne, que Labiche ne doit surtout pas faire rire ou que son dernier court métrage sur la fabrication artisane des briques en Argonne a du mal à démarrer aux Champs-Elysées, malgré un accueil intéressant au festival d'Hyères à une projection sauvage de minuit.

Tandis qu'il se gargarise d'avoir mis en pièces telle scène, il ne m'entend pas, muet, pour une fois, hurler dans ma tête : « Mais qu'est-ce que je fous là ? Mais qu'est-ce qu'il dit, ce petit malfrat, j'en ai rien à foutre, qu'il crève avec ses rendez-vous à la manque, avec ses théories de merde, un mot de plus, et je lui tords le nez. »

Eclair de lucidité pessimiste et négative, salutaire, douloureuse et rarissime — une douzaine de fois sur cinquante mille interviews. Cet aveu, fait sous auto-analyse, me permet de préciser à tous ceux, professionnels ou non, qui me plaignent d'être tous les soirs attaché à mon « bagne doré », comme ils disent, que j'y trouve chaque jour mon exutoire, mon défoulement, mon plaisir.

Né pour être concierge de luxe, n'ayant pu faire les études nécessaires pour y arriver, je me suis rabattu sur la radio. La seule façon de savoir si l'on aime vraiment le métier que l'on fait est de se dire : « Si je gagne au loto 10 millions nouveaux, si j'hérite d'un oncle oublié du Colorado, si j'épouse Alice Sapritch ou si la retraite de Mistinguett m'est proposée demain, est-ce que je laisse tout tomber et arrête toutes mes activités ? »

Si vous répondez oui, vous n'aimez pas le métier que vous exercez. Si vous répondez non, vous avez ma chance. Imaginez David Hamilton, ce photographe dont on dit un bien flou, arrêtant de photographier ses nymphettes, Picasso posant ses pinceaux, Belmondo sur une chaise longue, Pierre Troisgros sans ses fourneaux, Jean-Paul II sans son passeport, Spagiari cessant de voler, Dassault s'arrêtant de faire voler les autres.

Par le miracle de la radio — Dieu bénisse Edouard Branly et son pilier nord de la tour Eiffel[1] ! —, on parvient à rendre la vue quelques instants aux non-voyants, à donner la parole aux mimes, à désarçonner le champion du monde d'équitation, à obtenir des réponses indiscrètes à des questions qui ne l'étaient pas.

Nos programmes de variétés, en France, sont de loin les meilleurs de toute la communauté radio-

1. Premier studio de radio.

phonique de langue française, me confiaient cet hiver des collègues suisses, canadiens et belges. Je ne sais pas si c'est vrai, je n'écoute jamais mes confrères, afin de ne pas être tenté de les imiter, ce ne serait pas honnête.

Un bon interviewer comprend tout ce que dit l'autre et s'arrange pour que l'interviewé ne voie pas arriver les pièges et légères provocations. On peut mettre les pieds dans le plat, mais on peut choisir ses plats. Dans un dialogue pointu, peu importe quel interlocuteur domine ; l'important, c'est que l'auditeur soit le gagnant.

C'est un des rares métiers où l'on peut vivre des moments de milliardaire ou de romanichel sans transition aucune. Rencontrer des gens étonnants est chose courante. Supporter des légumes qui considèrent que votre temps est leur résidence secondaire est tragiquement quotidien, surtout en émission de vacances.

Depuis trente ans, j'ai, au cours de plus de quinze mille heures d'interview, accouché des milliers de gens célèbres ou inconnus. Dans la Bible, il y a mille six cent cinquante-quatre personnages mentionnés et un seul qui se prend pour Dieu. Au *Pop Club*, c'est le contraire.

A ceux qui, invariablement, me demandent les meilleurs souvenirs de rencontre au micro, mes réponses sont presque toujours évasives, car elles sont trop enfouies au fond de la mémoire ; seul le recul les fait remonter à la surface.

A Trébeurden, quelques vieux terre-neuvas évoquaient, entre deux bouffées de pipe, les longues pêches de six mois, loin de tout.

« Le plus dur, pour moi, c'était le manque de femme.

— Tu te rappelles le patron Loïc, qui avait le mal de mer quand il était à jeun.

— Faut dire qu'il faisait tout pour ne pas l'avoir souvent, qu'est-ce qu'il buvait !

— Mais vous m'avez dit que, pour vous, le plus dur était le manque de femme... et pour vous aussi ?

— Oh, moi, je me racontais des histoires avec la main... Et puis, quand c'était vraiment trop dur, parfois, on faisait crier le mousse.

— Vous avez été mousse vous-même.

— (*Un grand temps, rêveur.*) Eh oui. »

Ça, c'est du dialogue. Le cri du mousse au fond du tillac.

Tel Cognacq-Jay, j'aime tout ce qui sort de la mer, je songe à créer avec Alain Bombard la fête des Mers.

Touche pas à mon pop

Après avoir oscillé pendant plus de vingt ans entre une radio de lutte et une radio de putes, le *Pop Club* vient de s'arrêter momentanément, il venait d'entrer dans *Le Livre des records*. J'avais voulu l'horaire du soir, car dans la journée les gens sont toujours somnolents.

En 1965, pour se faire entendre un peu, il fallait provoquer beaucoup. Il fallait plus de courage, ou tout au moins d'inconscience, pour faire le *Pop* en 1968 que pour *Droit de réponse* en 1981, et Dieu sait que Polac bouscule comme personne !

On accueillait des terroristes sartriens, passait de la musique de « nègres », célébrait la sous-culture sortie du pavé, mixait le mineur et le majeur, travaillait pour deux catégories d'auditeurs, ceux qui profitent des disques pour vaquer chez eux et les autres que seules les interviews intéressent. On maniait l'insolence, on mettait un jean au mot au lieu d'un frac.

On découvrait que les meilleures émissions ne sont pas forcément celles que l'on travaille le plus avec ostentation. Les metteurs en scène qui crient le plus ne sont pas les meilleurs, mais le sourd est un auditeur comme les autres. Pour faire vivre longtemps une émission, pour créer un peu, il faut parallèlement vivre intensément à la ville.

Le succès peut être un immense malentendu. Etre le tire-fesses de la gloire des autres ne justifie en aucun cas l'autosatisfaction du dindon, qui ne sait pas que Noël approche. Pour se faire un nom, il faut parfois dire oui.

Ne pas être trop triste, car cela ennuie.

Un pessimiste, c'est un optimiste qui écoute la radio et regarde la télé.

Il faut toujours renvoyer les ascenseurs, mais au bon étage. Ce métier, comme l'alpinisme, doit s'attaquer par la base. Ne pas avoir peur de s'inspirer de ses aînés, sachant que planter un clou, c'est déjà imiter quelqu'un.

Ceux qui sont prêts à tout vendre
sont souvent ceux qui n'ont rien à vendre.

A qui ai-je l'honneur?

Sur France-Inter, il est 18 h 35; un castelet de guignol sépare la grande table en deux. Le rideau rouge est là, devant nous, la voix de l'invité caché est déformée dans le casque que nous portons avec une suprême élégance.

Jugez de la profondeur de nos dialogues.

« A côté de moi, l'ineffable Noëlle Robert... radieuse... hiératique... le plus beau chignon radiophonique que j'ai connu... Vous allez bien, Marie, Noëlle... et Minouche, le griffologue?

— Il a griffé mon couvre-lit, il m'a empêchée de dormir toute la nuit...

— Le veinard...

— Vous êtes superbe ce soir, Noëlle.

— Pourquoi dites-vous toujours que je suis belle, cela me fait du tort. Après, quand le public me rencontre dans la rue, il est déçu · " Je ne vous voyais pas comme cela. On vous croyait plus jeune. "

— Toutes des jalouses, Noëlle.

— Oui, mais il y a aussi les hommes qui sont déçus.

— Ah, c'est plus grave ! Vous receviez pourtant des lettres d'amour ?

— Au début, oui, mais ils se sont lassés.

— C'est vrai... et puis vous êtes passée à la télé.

— Alors là, c'est tombé d'un coup. Ils m'ont vue, ils se sont dit : " C'est une grand-mère, c'est pas la peine. "

— Oui, Noëlle, j'ai eu tort de vous dessiner comme une Marilyn. J'aurais dû évoquer Bette Davis.

— Oui, et puis, je suis là uniquement pour la graphologie. Le reste n'intéresse pas les auditeurs.

— Vous avez raison, nous n'allons pas passer les fêtes là-dessus. A ma gauche Octave Sieber : Vous êtes voyant extralucide, tout auréolé d'au-delà. Les auditeurs commencent à vous connaître... Les invités, à vous craindre.

— Je sens une présence derrière le rideau.

— Il n'y a pas besoin d'être médium pour savoir qu'il est même vivant.

— Je suis en communication... (*serrant le casque sur ses oreilles*) avec la mort...

— Comment va-t-elle ?

— Un homme me parle... Un parent de l'inconnu. Il a des reproches à lui faire et... »

Je regarde le public, puis la cabine de son... Le signal lumineux clignote lui aussi. Attention, danger !

L'équipe technique derrière la vitre, connaissant l'invité, a l'air de paniquer. Le public aussi. Ils craignent tous la gaffe irréversible. Brigitte Kernel, ma précieuse réalisatrice, se prend pour un sémaphore breton un jour de tempête. Le reste de mes assistants : des poissons se noyant dans un aquarium.

Mon esprit cesse de vagabonder. Mon attention se fige. Comme une vieille sauce : Noëlle Robert est dans ses jours sans.

Tel Arnolphe, elle boude « ce me semble un petit ».

« Noëlle, vous avez quelque chose à exprimer? Vous qui aimez parler la première, vous n'avez encore rien dit.

— Nous, les graphologues, nous évitons de parler de la mort et même des maladies... surtout au micro... »

Elle a toujours raison. Laissons Octave Sieber repasser tout doucement l'Achéron et revenir sur terre. Je pense tout bas : « J'ai envie d'éternuer... c'est mauvais signe. » Au micro quand le nez me démange, c'est que je m'ennuie. Quand je m'ennuie, l'auditeur aussi, quand l'auditeur s'ennuie, France-Inter s'enrhume.

« Noëlle, votre pull-over est en parfaite harmonie avec le rideau et votre turban, avec la moquette, c'est du ton sur ton... Cet après-midi, sous les spots, vous êtes belle comme un supermarché un jour de réveillon. »

De l'autre côté du rideau, l'inconnu tripote son micro, se manifeste avec humour :

« Je ne vous dérange pas ?

— Mais pas du tout. Nous connaissons maintenant votre principale qualité. Vous êtes patient. Quel est votre plus grand défaut ?

— Coléreuse.

— Ah ! Vous êtes donc une femme. Le piège simpliste de l'épithète a fonctionné au quart de tour.

— C'est facile. Bête et méchant.

— Mais cela fait gagner un temps précieux... »

A qui ai-je l'honneur? a incontestablement battu les prévisions d'écoute les plus optimistes. Les auditeurs ont manifesté à l'égard de ce jeu un intérêt suivi. Moi-même, plus dilettante que persévérant par ma mère, plus têtu que paresseux par mon oncle, je me suis retrouvé prisonnier de Noëlle Robert, à cause du succès de cette bluette émission, programmée au départ pour trois mois, dans l'attente d'une énième grille d'antenne toute neuve.

Né sans forceps. *A qui ai-je l'honneur?* ne connut donc pas l'I.V.G. C'est peut-être la raison pour laquelle Simone Veil s'est toujours décommandée au dernier moment.

Arrivée comme naturellement aux ondes, cette émission divine s'est arrêtée volontairement en pleine santé, et s'est mise en réserve de la chose publique.

Ce jeu bigarré sur l'antenne tricolore se révéla

plein de ressources et de péripéties cocasses. Sondage aidant ; l'enfant né du mariage de raison d'une graphologue et d'un accoucheur s'émancipa, à l'insu des sages-femmes de la direction.

Le courrier quotidien rendit à Artur ce qui est à José une septième jeunesse : il était temps...

Du provisoire découle la pérennité, de la fragilité du sable découle le béton, de la glace à la vanille découle l'indigestion.

Bernique breton toujours, agrippé à mon rocher, je témoigne de la possible rigueur d'une certaine désinvolture de façade. Le papillon butineur fait la nique aux énergiques bâtisseurs. Ça va fort.

Je pense, sans exagérer, que le Tout-Paris rescapé de la médiocrité universelle a défilé derrière mon rideau. Citer le nom de ceux, de celles dont la voix a été déformée par mon harmoniseur capricieux et fatigué serait fastidieux pour vous, cher pour mon éditeur, prétentieux de ma part et, surtout, cruel pour les éphémères de l'actualité d'un jour, dont la notoriété n'est déjà plus qu'un Kleenex lavé.

N'être qu'une oreille attentive est souvent frustrant, mais c'est reposant.

Etre un découvreur de nouveaux talents reste la justification de notre métier de « pipelette de luxe », la seule vraie satisfaction dans ce domaine.

Le *Pop Club*, avec le recul, demeure l'émission top des sixties ; je le réalise aujourd'hui, je ne m'en rendais pas compte sur le moment, étant trop occupé à le vivre.

C'était l'épreuve de vérité des paumés en herbe ou en or, des espoirs désespérants, des désespérés prometteurs... bref, la terre d'asile de tous les débutants devenus aujourd'hui les Michel Berger, Julien Clerc, Véronique Sanson, Rufus, les Claude Lelouch et Sautet, les Patrick Dupont et Noëlle Pontois, les Régine Déforges et Armand Gatti, les Michel Blanc, Gérard Jugnot, Miou-Miou, Dominique Lavanant. Tous les « splendides » venus par le rang.

A qui ai-je l'honneur? trois années durant, bénéficia des prestations turlupinesques et gracieuses de ce que, gourmand, on nomme, dans cette sorte d'herméneutique platonicienne[1] qui est le « métier », les « têtes d'affiche ».

Ce genre de dialogue aveugle révèle rapidement la vraie nature du patient. Par la science de la graphologie, l'aléatoire des cartes et de l'astrologie, l'identité de la personnalité se dévoile plus ou moins rapidement, en fonction de la maladresse, de la distraction naïve ou de la mégalomanie inquiète qu'engendre l'anonymat prolongé.

J'aurais pu être flic au Quai des orfèvres, ou confesseur vicelard dans un pensionnat de jeunes filles.

1. L'art d'accoucher les esprits chez Platon (un peu de culture pédante de temps en temps, ça ne fait pas de mal).

Ce jeu cruel ne consiste en fait qu'à percer à jour un « aveugle », ainsi que le définit mon équipe. Cette appellation nous a d'ailleurs joué quelques tours : le terme est devenu gênant le jour de la venue d'un vrai non-voyant : Gilbert Montagné, heureusement rempli d'humour et d'amour de la vie.

Noëlle s'inquiète du programme de l'après-midi.

« Combien y a-t-il d'aveugles aujourd'hui ?

— Au moins un », répond une voix derrière le rideau.

N'ayant jamais reçu de borgne célèbre, je n'ai aucune anecdote à vous soumettre.

Certains se sont révélés de redoutables bretteurs. Francis Huster s'est contrôlé, me parlant de lui, quand même, mais qu'au féminin, sans se couper une seule fois.

Michou, l'indéfrisable permanente, aussi.

Me servant d'un trousseau de « clés », de questions pièges mûrement concoctées, j'essaie quelques balles liftées polissonnes, malignes ou précises.

Pour cerner l'âge ou savoir s'il s'agit d'un homme, des questions s'imposent :

« A votre conseil de révision, étiez-vous tout nu, ou portiez-vous un slip ? »

« Que faisiez-vous en mai 1968 ? »

« Votre jour de congé scolaire était-il le jeudi ou le mercredi ? »

Pour le métier, l'éventail des possibilités n'étant pas large, je sors mes phrases toutes faites :

« Avez-vous eu ou avez-vous votre carte de presse ? »

« Etes-vous déjà monté sur une scène, pour dire le texte d'un autre ? » (Je me méfie de l'échappatoire des distributions de prix ou des conférences.)

« Votre nom propre est-il une marque ? un sigle ? »

« Etes-vous payé en salaire, en droits ou en honoraires ? »

« Avez-vous fait le Conservatoire ? de la prison ? le séminaire ? »

« Vos parents font-ils le même métier que le vôtre ? »

« Avons-nous déjà travaillé ensemble ? »

« Vous êtes-vous produit à Bobino ou à L'Olympia ? à L'Alhambra ou à l'A.B.C. ? A la Comédie-Française ou à Prisunic, au Crazy Horse ou au cirque ? »

« Avez-vous besoin du public directement pour vous exprimer ? »

« La frontière du langage est-elle un obstacle ? »

« Votre instrument peut-il voyager en cabine ou en soute ? » (Question attirant souvent une réponse polissonne ou graveleuse, au-dessous de la ceinture.)

Pour l'âge et le look des femmes, j'use d'une panoplie de stéréotypes (branchés).

« Portez-vous des 501 à boutons ? »

« Préférez-vous des tennis Naf-Naf ou Converse ? »

« Etes-vous Vuarnet ou Ray-Ban ? »

« Chevignon ou Mac Douglas ? »

« Etes-vous Prince ou Michael Jackson ? »

« Etes-vous bisexuelle ou végétarienne ? »

« Le public connaît-il votre corps nu ? »

« Préférez-vous Wimpy, Mc Donald, Free Time, ou Maxim's ? »

« Avez-vous connu le loup ? Avez-vous du chien ? Aimez-vous les chats ? »

Le fait de ne pas savoir à qui l'on s'adresse permet toutes sortes de libertés.

Avec Alice Sapritch, on peut oser : « Ai-je couché avec vous ? »

Avec Françoise Giroud : « Etes-vous une vraie blonde ? »

Avec le général Bigeard : « Votre intime duvet ne trahit-il point quelques décolorations capillaires ?

— Non, mon petit gars » (réponse qui simplifie le problème).

J'ai fantasmé, tel un gamin boutonneux, sur l'ambiguïté de certains sexes, ai imaginé maintes poitrines pigeonnantes, frôlant le rideau, ignorant encore que c'était quelque planche à pain célèbre qui me répondait. J'ai cru trouver mon idéal féminin dans les qualités de cœur, d'agressivité, de finesse d'une inconnue, déjà localisée sexuellement par Noëlle Robert, j'en étais à lui demander sa main. Le rideau s'est ouvert, c'était Cavanna et sa moustache aphrodisiaque. Une fois de plus, je suis resté sur ma faim de célibataire. Certaines situations provoquées par une confusion volontaire du sens des mots me réjouissent.

Noëlle consulte, analyse, dissèque le document graphologique rédigé juste avant l'émission par l'inconnu. Elle le tripote, en scrute les contours, les pleins et les déliés, le soupèse. C'est avec son amour des lettres qu'elle semble le humer avec délectation.

« Noëlle, avec ce que vous avez dans la main, vous pouvez me dire de quel sexe est l'inconnu ?

— Vous savez, en graphologie, le sexe n'est pas ce qui saute aux yeux.

— Y a pas qu'en graphologie, qu'en pensez-vous ?

— J'étudie l'écriture... »

Noëlle me répond toujours cette phrase quand je l'énerve.

Une autre fois, Martine Kamoun, astrologue, jouant avec bonheur la nymphomane de service, se lance à son tour.

« Cher inconnu, avez-vous des enfants ?

— Non ! Mais j'en voudrais beaucoup.

— Je vois Uranus qui passe sur votre lune... »

Dans ces cas j'aime bien ajouter : « Présentez-moi l'heureux papa. »

A la radio comme à la télé, la réussite d'une émission de divertissement est presque assurée si l'auditeur peut jouer en même temps que l'animateur. Comme dans les jeux de société, tous les cas de figure se présentent. Si quelques clés « élémentaires, mon cher Watson », nous permettent de cerner rapidement certains cas sociaux transparents, d'autres gardent jusqu'au bout leur anonymat. Le dompteur est bouffé, l'arroseur arrosé, et le public comblé.

Malgré la voix déformée, sans pouvoir être catégorique, quelques évidences troublantes éclairent notre lanterne : une réaction unanime et spontanée du public peut accuser la rudesse ou la jovialité du mystérieux visiteur.

Le rire d'Arletty, même maquillé, éclate de vie et de fraîcheur. L'hilarité bruyante de Topor, de Serge Lama ou d'Henri Salvador provoque de précises relations de cause à effet. Le bégaiement pourtant trafiqué d'un Darry Cowl ou d'un Francis Perrin peut nous fourvoyer sur les délicieuses hésitations de Françoise Sagan.

Certaines formules de langage propres à une star sont de véritables cartes de visite.

Un inconnu, avec une voix de stentor, me disant trois fois de suite « Mais mon cher... » ne peut être que Frédéric Pottecher.

Le comble de la coopération revenant à Edgar Faure. Déjà catalogué : président du Conseil, et non Premier ministre, avocat et auteur, il ajoute : « J'ai un cheveu sur la langue. » Il ne lui restait plus qu'à me glisser son passeport sous le rideau.

Pour l'auditeur, c'est encore plus simple. Bloqué dans un embouteillage providentiel, arrêté volontairement à l'entrée d'un tunnel routier ou chez lui, il entend presque tout le temps la voix naturelle et bénéficie d'une décontraction d'écoute qui l'avantage nettement.

En ce qui nous concerne, c'est bien différent.

Quelquefois, machinalement, ou par confort, il m'est arrivé d'éloigner un des écouteurs de mon casque nasillard afin d'atténuer l'agression des sonorités incongrues de M. Larsen[1], ou simplement pour me gratouiller la trompe d'Eustache[2].

Croyant me prendre en flagrant délit de facilité, mes assistants se révèlent alors plus soupçonneux que jamais, m'accusant publiquement de duplicité.

On n'est vraiment bien trahi que par les siens.

Noëlle Robert, elle, ne triche jamais, vaille que vaille, coûte que coûte, elle s'abandonne à toutes les nuisances sonores, subissant le viol auditif sans sourciller, acceptant la pénétration des ultrasons, avec le courage d'une Romaine.

Je l'ai vue, cinq heures durant, sur le chemin de croix de sept enregistrements consécutifs, porter le casque, au service de la graphologie médiatisée, me supporter, sans me taper sur la tête.

Ce qu'elle a fait, une bête ne l'aurait fait...

1. Physicien danois qui siffle pour faire un effet du même nom.
2. Médecin italien qui, vers 1550, avait l'oreille du public.

De temps en temps, j'aime réussir à faire des galipettes devant l'irréparable. Les miennes demandent une longue expérience de dissimulation de bon aloi.

Il est des jeux radiophoniques comme de l'amour : à en connaître la finalité, on est déçu. La recherche est plus intensément excitante que son aboutissement. J'ai appris six fois — en plus de trois ans d'*A qui ai-je l'honneur?* — qui allait se cacher derrière le rideau — au hasard d'une rencontre de couloir, d'une... distraction d'un technicien, d'une volonté de nuire délibérée, d'une gaffe.

J'ai, dans tous les cas, tenté d'oublier, et je me suis aperçu, à mes bavards dépens, qu'il est plus difficile de faire semblant de ne pas savoir que de nager en plein mystère.

Pour me venger de Jean Lefebvre, entrant volontairement à ma vue dans le studio : « Alors, il paraît qu'il ne faut pas que tu me trouves ? », j'ai axé toute mon enquête sur Darry Cowl, ne citant que ses films, ses gags, nommant tous les comiques de France, sauf Jean Lefebvre.

A gaffer, Jean Garetto fut le premier, ce qui est normal, puisqu'il est le chef. Gaffe plantureuse comme je les aime. L'émission était à son démarrage. Juste avant de partir pour le studio, nous prenions un café. Je m'apprête à le quitter, il me lance : « De toute façon je te vois tout à l'heure, au 108, je passe au studio. Pour les fêtes de Noël il faut que je voie Henri Salvador... » Un silence... « Oh, merde ! que je suis stupide... ! Oh la la, mais qu'est-ce qui m'a pris ? »

Puis voulant se rattraper aux branches de l'antenne en péril, révélant sa malheureuse émotion et son besoin de sérénité radiophonique : « Mais non, je me trompe, il ne s'agit pas de ton émission, mais d'une autre... »

Il s'est jeté à souffle perdu sur la cigarette du condamné à vivre un moment délicat.

Ma réalisatrice, la grande Brigitte Kernel, dans le secret, a finalement annulé le chanteur doré, au cœur rose, et prit nouvelle date.

D'autres fois, ce sont mes assistants qui malencontreusement, d'un coup, d'un seul, par distraction ou besoin de se manifester, me révèlent le nom de l'inconnu. Les assistants ont des points communs avec les directeurs (les premiers ne deviennent-ils pas quelquefois de la race des seconds ?). Le contraire étant, Dieu merci ! beaucoup moins fréquent.

J'ai appris de cette manière la venue du clergé de choc derrière le rideau. François Paturle, dernier arrivé dans l'équipe, fit mouche, un soir de *Pop Club*, en voulant affirmer sa présence pour la première fois : « J'ai vu le planning d'après-demain... En ce qui concerne l'abbé Pierre, vous avez sûrement besoin de documentation ? »

Réalisant sa gaffe, j'ai cru qu'il allait, lui aussi, entrer dans les ordres.

Je profite de cette anecdote pour préciser à tous

ceux que ce jeu a pu amuser, peu ou prou, que, dans ce cas précis et dans deux ou trois similaires, il m'était impossible de me souvenir le surlendemain du nom dévoilé par erreur.

Entre-temps, il y avait eu une dizaine d'interviews le soir au *Pop,* trois notes de service, dix rendez-vous pris, huit d'annulés, deux repas dits « d'affaires » où l'on ne fait pas grand-chose, une projection privée de film et le « survol approfondi » de deux ou trois bouquins.

Le jour de la gaffe cléricale, nous devions, mes deux sorcières et moi-même, percer à jour six inconnus à la file. J'avais complètement oublié l'incident. Je ne cherchais plus qu'à comprendre pourquoi cet inconnu, repéré comme un homme, portait prétendument une robe.

« Vous ne mentez pas un peu, cher inconnu ?

— J'essaie de ne jamais le faire.

— Vous n'avez pas honte ? »

C'est moi qui, ouvrant le rideau rouge de confusion, lui aussi, me trouvai un peu léger d'avoir ainsi traité l'abbé Pierre et ses longs jupons. C'est un monsieur très bien, l'abbé Pierre, un croyant quand même, qui ne fait pas que prier et prêcher, car il sait qu'il est délicat de parler religion à un homme dont le regard dit qu'il a faim.

Un nombrilisme naïf provoquait assez souvent cet échange de répliques non moins charmantes :

« Bon, je résume ce que Noëlle Robert, les tarots et moi-même avons pu déceler : vous êtes blonde, comédienne, jeune, à l'affiche en ce moment, et je vous ai déjà interviewée à vue...

— Oh ! Ben alors, ce n'est plus la peine de jouer, vous ne ferez plus croire à personne que vous ne savez pas qui je suis. Parlons de nous, y a qu'à cela que nous pensons. »

Pour un 1er avril, mon équipe m'a fait la blague de convoquer une comédienne.

« Nous connaissons-nous ?

— Très bien.

— Avons-nous déjeuné ou dîné tous les deux ?

— Je veux, mon neveu [1].

— Faites-vous le même métier que vos parents ?

— Tu l'as dit, bouffi [2].

— Vais-je vous reconnaître, quand j'ouvrirai le rideau ?

— Vous l'avez déjà fait, il y a plus de vingt-cinq ans.

— Avons-nous couché ensemble ?

— Des dizaines de fois. »

Je nageais de plus en plus, n'osant m'aventurer à nommer qui que ce soit.

C'était ma fille, Sophie Artur.

Nous mettons tous au monde des monstres attachants qui tiennent de nous.

1. Expression légèrement vulgaire, héréditaire.
2. *Id.*

A chaque voyant, à chaque astrologue, à chaque graphologue suffit sa peine et son « support ».

Certain doit être mis en confiance. Un autre doit être calmé.

A certains, complètement « pétés », il convient de demander si leur support est le whisky, et de ne plus les convoquer que très tôt le matin. A d'autres, bissexuels évidents, il s'agit de savoir si c'est un jour pile ou un jour face.

A ceux qui dégoulinent de prédictions de roulotte, affirmatives, sirupeuses ou trompeuses, il faut les mettre en boîte, à défaut de prison.

On me demande souvent pourquoi j'ai adjoint en cours d'année un voyant à la convaincante fondatrice Noëlle Robert.

Je l'ai fait pour deux raisons, dont voici la seconde : étant donné nos deux caractères entiers et les limites de la patience de Noëlle Robert, j'ai pensé que, si elle avait été capable de démissionner publiquement et en direct, sans se soucier de savoir qu'un Dominique Jamet était caché derrière le castelet, je ne pouvais prendre le risque radiophonique de m'exposer de nouveau à cette situation délicate.

Imaginez la tête d'un trapéziste qui s'élance dans le vide et qui, au lieu de mains tendues, voit son partenaire porteur les bras croisés, en signe de protestation.

Il me restait deux solutions : apprendre en une nuit la graphologie, ou faire en sorte de pouvoir me raccrocher à une bouée de secours, mettre des cartes dans mon jeu.

Mais, Dieu merci ! Noëlle Robert reste unique en son genre.

Quand elle sent que le public va décrocher, c'est la seule graphologue professionnelle au monde qui fasse le grand écart sur moquette.

A la demande du public, elle l'a exécuté plusieurs fois.

Je lui ai fait faire cet exercice de style, devant le danseur étoile Michael Denard, époustouflé. J'ai cru voir dans ses yeux étoilés une pointe de jalousie.

Elle a tout le charme d'une sirène, qui, elle, en aucun cas ne peut faire le grand écart. La première année, elle mangeait deux paquets de biscuits par séance, c'était la pythie qui venait en mangeant.

Le public, inconsciemment, se révèle être un auxiliaire précieux. En fixant attentivement les cent yeux de la salle, je peux déceler certaines indications.

De l'autre côté du rideau, lorsque l'inconnu pénètre dans la salle, j'observe l'auditoire :

— s'il éclate de rire, ce n'est sûrement pas Laurent Terzieff;

— s'il paraît sous le charme, c'est peut-être Laurent Terzieff;

— s'il baisse le regard vers le sol, c'est Piéral;

— s'il le baisse vers la ceinture, c'est Philippe Bouvard;

— s'il regarde le plafond, je pense à Philippe Clay.

Un « Oh ! » prolongé, un sourire béat collectif,

soutenu par l'arrivée d'un photographe fébrile, me fait éliminer d'office Carlo Nell ou toute autre star du même acabit.

Une indifférence polie, étayée d'une mutuelle inquisition de ces dames du public, m'aiguille vers ceux dont le nom propre est davantage connu que leur physique : Peyo, papa des Schtroumpfs, Morris et son grand fils, Lucky Luke, Lionel Poilâne, heureux père de miches célèbres, Bernard Chevry et son M.I.D.E.M. plein de ressources et de joies.

Il y a dans le monde autant de supports de parapsychologie que de contractuelles sur le trottoir.

— J.-J. Esther, elle, voit dans le système pileux. Brigitte Kernel lui a mis, derrière le rideau, le grand coiffeur Maniatis et le chauve le plus chauve de Paris, le professeur Choron ;

— Jean-Louis Philippe voit dans les bijoux de famille que lui donnent à tripoter les inconnus, par le truchement des assistants ;

— Indirah, petite-poucette de la voyance, trouve le chemin de l'invité grâce à de petits cailloux qui deviennent ses calculs ;

— Richard Benette, numérologue, en a un, très au point ;

— Jean de Bony, chirologue, fait tartiner la paume gauche de la main du patient avec de l'encre noire, puis demande qu'on l'imprime sur une page blanche. C'est pas propre, mais très efficace ;

— Elisabeth L... demande qu'on enfourne la

main de la victime dans la photocopieuse et qu'on lui serve toute chaude. Quand la main ressort intacte, tout le monde est content ;

— Monique Tissot, tarologue, mariée à un chef de cuisine aphrodisiaque, travaille à la carte et s'amuse avec moi à mettre les pieds dans le plat avec bonheur ;

— Alain Amidieu, psycolor, dès qu'il est à l'antenne, s'occupe essentiellement de donner son numéro de téléphone. Il se sert de coloriages, préalablement concoctés par les Mondrian de passage ;

— Gérard T..., aussi soucieux de son anonymat que le précédent l'est de sa notoriété, fait cracher des stylos sur des bristols, en criant : oh ! la belle bleue ! Oh ! la belle verte !

— Isabelle de Lauloise, obsédée des cravates et des écharpes, lit dans les nœuds ;

— Gaston F... avait pour seul objectif de regarder sournoisement par la fente du rideau pour l'âge, et sous la table, pour le sexe ;

— Colette Jannot, Olga, Catherine Bessonart, Ariette Dugas et les autres...

... Qui m'aidèrent avec talent, sans histoire.

J'ai refusé une charmante postulante qui me proposait ses services. Elle lisait dans le sperme, ce qui posait quelques problèmes de manutention, d'une part, et nous donnait une précieuse indication sur le sexe, d'autre part... C'est un peu dommage, cela aurait fait de belles émissions...

Un seul dénominateur commun, entre ces gens, vivant de l'avenir : aucun n'avait prévu son chômage radiophonique et l'arrêt brutal d'*A qui ai-je l'honneur ?*

En revanche, Martine Kamoun a trouvé dans mon signe astral que j'ai la lune mal placée. De là à vouloir tout expliquer...

A une de mes questions favorites sur la découverte par son entourage ou par lui-même, de ses dons de prescience, Mario de Sabato s'est souvenu d'un dialogue familial. Il avait six ans, sa grand-mère était à table avec tout le monde :

« Il faut être gentil avec mémé ce soir, elle va mourir.

— *(Une claque.)* Excuse-toi tout de suite. »

Elle meurt dans la nuit.

Si vous connaissez Mario de Sabato, vous savez la suite.

Mais le plus joli dialogue de voyant reste celui d'un colonel ayant demandé une totale franchise à sa voyante :

« Vous serez nommé général de brigade la semaine prochaine.

— Merci.

— A titre posthume. »

Vole des pommes,
ne tue pas le garde champêtre.

Baise la main que tu ne peux couper.

Assieds-toi sur le bord de l'oued,
et tu verras passer
le cadavre de ton ennemi.

Fais baisser la température,
ne casse pas le thermomètre.

Marrakech. Le Forum des opérateurs de cinéma, organisé par Lydie Trigano pour le Club Méditerranée. Le tout-cinéma est là.

Entre chaque séance d'enregistrement, nous faisons la pose anisette. Les deux plus consciencieux au bar sont Richard Bohringer et moi.

Richard, acteur, auteur, chanteur, est avant tout un bulldozer de chaleur humaine, d'authenticité, toujours à la limite de la sécurité. Je l'ai parfois suivi dans sa course au rosé, j'y tenais bien mon rôle, mais il finissait toujours par me doubler dans la descente.

Entouré de tous ceux qui font la plus belle lumière artificielle du cinéma, nous refaisions le monde. Un gentil membre envahissant et fasciné par les vedettes présentes nous investit chaque soir, à coups de collier, voulant à tout prix rincer tout le monde. Il nous mitraille de ses boules orange, blanches ou noires et rêve très nettement de devenir intime avec tout le monde. En trois jours, il veut devenir un ami de vingt ans. Une immense photo d'Hassan II, roi du Maroc, « trône » dans la salle, et de plus modestes s'étalent sur tous les murs des autres salles communes. Ce gentil membre, arrivé le jour même, pour la première fois nous demande qui est cet homme. Je réponds très vite en blaguant : « C'est le P.-D.G. du Club, Gilbert Trigano. »

Pendant les cinq jours d'avril que dure le Forum, tous les soirs à la même heure, rentrant d'excursion, ce sous-développé de la jugeote a répété, pour notre plus grande joie : « C'est fou ce qu'il est aimé au Maroc, Trigano. Il y a sa photo partout dans le pays, même dans les postes et les banques. »

A partir de quel degré une plaisanterie devient-elle cruelle ? Il est difficile de le savoir.

Il se plaignait de sa calvitie naissante et de l'élasticité de sa peau qui n'était plus, disait-il, aussi jeune qu'avant. Nous lui avons conseillé de prendre des bains de jus d'orange. Très sérieusement, il est venu me dire : « Je le ferai à Paris. Ici, il n'y a que des douches. » Pensant au sacrilège onéreux de vitamine C que son pognon lui aurait permis de commettre, nous avons fait marche arrière, lui disant qu'un grand verre sur la tête tous les jours pendant une semaine était suffisant. Nous avons écrit la prescription : « Se mettre tout nu sous la douche. Se verser doucement le jus sur la tête. Laissez sécher six minutes. Puis rincer à grande eau tiède pendant six minutes. »

En nous quittant, le soir même, il est venu nous

saluer un grand verre à la main, qu'il a soigneusement emporté vers sa chambre, afin de célébrer à sa façon son festival d'orange.

Marrakech, c'est aussi et peut-être avant tout la Mamounia. Endroit de rêve où chaque fleur est tous les matins arrosée des gouttes de sueur de tout un peuple de jardiniers attentifs et courbés ; c'était juste avant sa somptueuse rénovation. Un habitué s'y promène souvent dans les allées avec son chien ou sa raquette de tennis ; il s'appelle Jean-Paul Belmondo. Il aime jouer à la limite de ses forces avec un prof, il sort du court en sueur. Il s'apprêtait à prendre une fois de plus, tous les risques pour le film d'Alexandre Arcadi : *Hold-Up*.

Venu à la Mamounia interviewer Jeanne Moreau, comédienne intelligente à la scène, à la ville et à l'écran, j'avais, tel un rebouteux de province, pris tous mes rendez-vous bavards de quart d'heure en quart d'heure.

Je pose trois questions à Jeanne Moreau.

J'opère un journaliste local.

J'évite un comédien qui court après l'impossible : sa notoriété.

Je vais à la rencontre d'Henri Alekan, qui sait laver son regard entre chaque plan ; il parle de quelques-uns des films qu'il a mis en lumière : *La Belle et la Bête*, *Vacances romaines*...

Je demande à Henri Decae, l'opérateur du *Samouraï*, de *Rabbi Jacob*, d'*Ascenseur pour l'échafaud*, de nous éclairer nous aussi. Il accepte mon rendez-vous. Juste avant, j'étais tombé sur Belmondo, en short et chemisette, raquette à la main. Je l'aime bien, il me supporte, il déteste les interviews. Il a raison. Il est gentil, donc il décide néanmoins de venir me rejoindre sur un banc de l'allée après son match — pour des raisons pratiques évidentes et pour fuir le bruit ambiant autour de la piscine, ne cessant de s'amplifier au rythme de la matinée. J'installe Henri Decae sur le banc dans l'allée qui mène au tennis ; lui tourne le dos au terrain que l'on aperçoit au lointain, Brigitte Kernel branche le nagra ; moi, je surveille d'un œil l'arrivée de mon prochain entretien vedette.

J'évoque pendant près d'une heure la carrière de ce grand artiste éclairagiste — il a braqué ses projecteurs sur les plus célèbres vedettes —, quand j'aperçois Belmondo, serviette-éponge sur la tête, à une cinquantaine de mètres, se dirigeant vers nous dans le dos d'un de ses opérateurs préférés. Je me souviens de ce passage du film de Woody Allen, *Annie Hall* où, se trouvant dans une file d'attente de cinéma, il dit à peu près ceci à sa partenaire et au public : « Ce serait merveilleux si brusquement j'avais sous la main le célèbre sociologue canadien McLuhan, mis en cause et mis à mal par un salonard péremptoire et cinétriste qui me postillonne dans le cou. »

J'apprécie la distance et commence :

« Que pensez-vous d'Alain Delon ?

— J'ai peu travaillé avec lui.

— Y a-t-il des inphotographiables ?

— C'est très rare. Un de mes regrets est de

n'avoir jamais su photographier Danielle Darrieux. Elle est belle, et pourtant ça n'a pas collé. »

Quand Jean-Paul n'est plus qu'à dix mètres de nous, je lui reparle du *Guignolo* et du *Professionnel :*

« Et Jean-Paul Belmondo ?

— Il est merveilleux, c'est du gâteau.

— Avouez, Henri Decae, que ce serait formidable de pouvoir claquer dans ses doigts et de l'entendre immédiatement vous répondre et donner son point de vue.

— Hélas ! la radio n'en est pas encore là.

— France-Inter peut tout... Jean-Paul Belmondo, combien de films avez-vous faits avec Henri ? »

Et l'interview, après embrassade, a continué à trois.

Ce que les gens critiquent en toi,
cultive-le,
car ce n'est peut-être pas le meilleur
mais c'est toi.

Je vous ai dit que je me suis arrêté de boire. Une précision s'impose. Je me suis arrêté de boire, uniquement au micro, à la suite d'un accident de marquise, et pourtant, ce n'est pas la marquise qui a craqué, mais moi.

Le *Pop Club* inaugurait le Whisky à gogo, à Cannes. La journée avait été rude pour le foie. Arrivée le matin, mon équipe, outrée de constater la disparité entre les prix pratiqués sur la Croisette et la pauvreté de nos défraiements, avait décidé de s'offrir une vraie journée, au vrai tarif.

Nous avons loué un petit bateau, nous sommes partis pour les îles de Lérins, avons déjeuné de langoustes, arrosées de blanc, puis pousse-café, cigare ; nous étions gris-rose, selon notre tension respective. Nous étions bien. L'émission était à 11 heures du soir. Une sieste prolongée s'imposait. Mais...

A l'hôtel un mot m'attend : le maire m'invite à un vin d'honneur suivi d'un dîner. Je monte dans une chambre afin d'écrire un petit mot d'excuse, le téléphone sonne et mon directeur me demande de le représenter auprès des édiles. Il me précise que c'est très important pour notre image de marque. Je prends une douche, je passe par la plage du Grand Hôtel, où, dès le lendemain, nous devions faire un *Pop*. Le patron de la plage me désigne le meilleur endroit pour installer mes appareils, me montre l'installation des P.T.T. et me sert un pastis épais comme de la purée.

De plus en plus en forme, je gagne la mairie et son champagne, nous passons à table assez rapidement afin de me laisser du temps avant l'émission.

J'arrive au Whisky à gogo, l'équipe est déjà là, Paul Pacini, le Nobel de la limonade, m'accueille et me fait goûter à son nouveau bourbon. L'heure approche. Elle n'est pas la seule, car tel Macbeth, je vois la forêt de Birnam s'avancer sur moi sous forme de micros, de câbles et de 33-tours. Le générique démarre, le direct fait son effet, deux aspirines et l'habitude font le reste. Dans la salle, il y a le Tout-Cannes.

La première interview se passe bien ; c'est Frédérick Loewe, compositeur de *My Fair Lady* dont le yacht est ancré en rade. C'est un bateau dont l'intérieur est tapissé de vison. En plus, il sait parler.

Le deuxième est Jacques Sallebert, en smoking blanc. Il parle de l'Angleterre, qu'il connaît bien, et c'est là que se place le « mais... ». Il a le malheur, par confraternité professionnelle, de me signaler, qu'à la table en face de nous se trouve la marquise de Villaverde. Jamais l'expression « C'est la goutte qui fait déborder le vase » n'aura été plus vraie.

L'aspirine, ma courtoisie ancestrale, le respect de mes hôtes, la peur du gendarme, tout est balayé par les vapeurs vénéneuses de l'alcool endormi. Illico presto franco se réveille en moi la haine viscérale que je porte à l'assassin de Grimau, à l'étrangleur de la dernière inquisition, d'une Espagne, où le chant grégorien couvrait encore les interrogatoires. Je dis deux ou trois horreurs, on me calme, mais...

N'ayant pas compris ce qui se passait et voulant m'être utile, un zombie de service arrive au micro avec la fille de Franco, elle-même, et me dit : « José Artur, nous avons l'honneur d'avoir ce soir parmi nous la marquise de Villaverde, qui veut bien répondre à vos questions. »

Elle s'assied, et je m'entends dire, comme dans un cauchemar, sans pouvoir le contrôler :

« Quel effet cela fait d'être la fille d'un assassin ? »

Claude Villers se précipite, m'emmène à l'extérieur. Les sbires de service emmènent la marquise, le technicien met un disque.

Le lendemain matin, je suis lourdé pour insulte à chef d'Etat, le Quai d'Orsay s'agite. L'après-midi, je suis réengagé, le Quai d'Orsay se calme. J'ai reçu un courrier de ministre de félicitations, deux menaces de mort et un conseil : ne plus boire avant et pendant l'antenne. Boire ou séduire, il faut choisir.

Cela dit, l'objectivité m'oblige à préciser que, si Franco n'avait pas été un dictateur, nous n'aurions probablement pas un musée Picasso à Paris.

Dans certaines circonstances de la vie,
il vaut mieux un médiocre disponible
qu'un génie occupé.

Quand la marée monte,
il n'est plus important de savoir
à qui appartient un château de sable.

Merde, merde..., papa, je viens de lire ton manuscrit, il y a plein de choses que je ne peux laisser passer, tout au moins les passages me concernant.

J'ai retrouvé le carnet que tu m'obligeais à écrire, en août 1978. En voici quelques feuilles. Pour les droits d'auteur, on s'arrangera plus tard. J'aurais pourtant préféré faire livre à part.

Moi, hier, j'avais six ans et je découvrais un père qui me ressemblait comme un frère.

C'est l'été 1978, il fait très chaud. José — permettez-moi de l'appeler comme ça — s'est fendu de leçons de natation. Je suis sûr qu'il a essayé comme d'habitude d'avoir un prix, sous prétexte qu'il bosse dans la taule. Je ne voulais pas apprendre à nager, ça a fait un drame. Dialogue du genre la *Pêche à la baleine*, de Prévert :

« Tu vas prendre des leçons de brasse, tu es en âge.

— Je ne veux pas y aller. Et pourquoi, d'abord,

j'irais faire pipi dans une eau qui n'a rien fait?

— Si tu fais naufrage, tu me remercieras.

— Et pourquoi je te remercierais, si je fais naufrage?

— Parce que tu seras bien content de voir couler les autres, pendant que tu regagneras la rive, sous les applaudissements des gens secs.

— Je ne ferai jamais naufrage, puisque je ne prendrai jamais le bateau. Ma mère déchaînée me suffit.

— On peut toujours se noyer dans un verre d'eau, la preuve... »

Bref, j'apprends à nager en ce moment dans la piscine du Palm Beach. Il y a pis, mais je ne m'en rends pas encore compte. Je trouve cela évident, naturel. Paraît-il, plus tard, que je réaliserai que tous les petits garçons n'ont pas la chance de laver avant les repas des mains qui me paraissent propres et de se brosser les dents après chaque carambar.

Pour ma part, j'ai étudié les grands mecs dans les pipi-rooms. Il y a ceux qui se lavent les mains avant de sortir leur machin prétentieux et ceux qui se les lavent après l'avoir rangé. Savoir qui a raison?... Psy doit être un métier hypersympa...

J'apprends à nager, cela pourra me servir plus tard dans les couloirs si je décide de faire le métier de papa.

A côté de moi, il y a un petit connard crâneur qui nage couramment et une fille rondouillarde qui plonge comme je me noie.

Pour ma part, je travaille mon crawl, dans cette piscine qui est vraiment d'une longueur monotone.

J'arrête, car de l'eau plein les paupiettes, j'ai soif. Au bar de la piscine, où tout le monde est habillé, tout nu, je commande un quart d'eau minérale, 9,20 francs, cela met le litre à 36,80 francs, le même prix qu'en plein désert. Où va la France ?

D'ailleurs, comme dit mon père, un pays où le litre d'essence est devenu plus cher que le litre de rouge est en danger. Ils préféreront boire que conduire. En attendant, c'est moi qui suis en danger, j'ai une bouée qui fuit tout doucement, c'est étudié pour. Un truc du prof. L'enfant martyr, venu pour apprendre la brasse classique, termine à son insu en brasse coulée. Comme le prof n'est pas *in,* à ses jeunes clients qui s'énervent et confondent mouvement et précipitation, il n'arrête pas de crier : « *Cool, cool !* » C'est bête à pleurer.

Mais comme il n'est pas antisémite, il me sort du bassin juste avant la brasse sous l'eau.

Je m'appelle David. Un Hitler peut toujours en cacher un autre, ma mère m'a donc mis au catéchisme. Résultat : faut que je me lève le mercredi, seul jour où je pouvais faire la grasse matinée. Remarquez, les vrais petits David, on leur coupe le machin, moi, de ce côté-là, on m'a foutu la paix.

En revanche, avec le piano, j'ai droit à une offensive tous les quinze jours. C'est ma faute, je le reconnais. Chaque fois qu'il y a un clavier là où j'arrive, je tape dessus avec délice, et ma mère, comme toutes les mères, s'extasie sur mes qualités musicales, mon sens du rythme et ma façon très personnelle de plaquer des accords. Elle a cru y retrouver le toucher pianistique d'un Horowitz. Il faut dire que, pour ma mère, je dessine comme le Douanier, je chante comme Brel, je mange comme quatre, je dors comme un ange, je joue aux cartes comme mon père, je suis intelligent comme elle, je joue au tennis comme Connors... alors qu'il me manque très peu de leçons pour jouer vraiment très mal.

Il y a six ans que je vis avec eux, et ce n'est pas aussi simple que vous pourriez le penser.

Comme vous l'avez peut-être compris à la lecture de ce précieux document, mon père est animateur de radio et de télévision. Quand je serai grand, je reprendrai son affaire. Sa maison de Radio France est belle, grande, bien entretenue; dans le jardin je mettrai une balançoire.

Le métier de papa est amusant; on le reconnaît dans la rue, il reçoit les journaux, même *Pif* et les B.D. à l'œil. Parfois, au restaurant, le patron l'invite et, en plus, lui dit merci.

Mes copains, à l'école communale, le voient à la télé, ils le croient très riche. Lui dit tout le temps qu'il n'a pas un rond. Quand je lui demande 30 francs pour une maquette d'avion, il ne gueule pas trop; si cela dépasse 100 balles, il fait la tronche. La vérité, d'après ma première maîtresse, que j'ai eue comme tout le monde très jeune à la maternelle, la vérité est très simple dans son cas. Il gagne bien sa vie, mais dans sa tête et ses comptes, c'est le bordel. Il disperse à longueur d'année ses centres d'intérêt.

De plus, il parle d'impôts toute la journée. La première fois qu'il a parlé d'impôts devant moi, j'étais sur le mien, je devais avoir trois ans. Il hurlait après une salope qui lui réclamait un impôt sécheresse, alors que le voisin du dessus avait fait déborder sa baignoire et inondé l'appartement. Je me rapelle très bien lui avoir dit : « Si on n'a plus d'argent, je t'en achèterai. » J'ai comme cela de ravissants mots d'enfant.

A propos d'argent, tu m'accuses d'en parler tout le temps, je ne suis pas le seul. Ce n'est pas parce que cigale, tu as toujours dépensé 100 sous de plus que tu ne gagnais que tu vas vendre mon train électrique pour m'acheter des Lacoste. D'abord, tu n'as jamais su te vendre, si on ne t'appelle pas, tu ne bouges pas. Je ne t'ai jamais vu dire non à un travail, je ne t'ai jamais vu non plus écrire un projet et téléphoner pour te placer. Pourtant, tu as choisi un métier qui rappelle la bicyclette : si on arrête de pédaler, on tombe.

Tes parents ont complètement perturbé tes rapports avec l'argent. Il t'a fallu plus de trente ans pour t'apercevoir que l'argent ne fait pas forcément le malheur et que le pognon n'est pas uniquement plaisant chez les autres. Devoir de l'argent pendant un mois n'est pas une tragédie grecque. Laisser des dettes, c'est même la seule façon de perpétuer un souvenir chez ses fournisseurs.

Seuls les trapézistes qui s'écrasent restent dans les annales du cirque. De plus, tout le monde sait qu'en France un salarié peut vivre, à la rigueur, mais il peut très rarement faire fortune.

Tu peux me raconter ce que tu veux sur l'état de tes finances, car si on peut prouver que l'on a de l'argent, il est impossible de prouver le contraire.

Très traqueur et un peu menteur, quand tu fais un gala, tu prétends que la moitié de ce que tu gagnes est le salaire de la peur et que l'autre moitié va aux impôts. Tu cours toujours après 100 sous. Comme disait un de tes illustres confrères, fusillé avant d'être vieux : « On commence à n'être plus jeune quand on a besoin d'argent pour construire le décor de sa vie. »

Je réalise que mon intervention dans cet ouvrage commence par « merde », j'aime bien ce mot de récréation, chargé d'histoire et même situé géographiquement.

Pour tes passages, papa, c'est-à-dire pour tout le reste, le lecteur ne pourra pas se tromper. Ils commencent et commenceront tous par « je ».

Tu devrais, papa, te faire nettoyer ta tête de lecture. Dans le bruissement particulier de la mémoire, tu déformes les faits, quand cela t'arrange. Ce n'est plus de l'enjolivement, c'est du détournement de Boeing. La vérité est le contraire du poison, elle n'est dangereuse qu'à petites doses. Je vais être franc. Malgré les apparences, je te comprends très bien. Tu n'as pas que de mauvaises qualités, mais tu manques d'équilibre. L'homme équilibré ne se pose que des questions qu'il peut résoudre. Toi, tu ne te poses que des problèmes. A force d'être posé, un problème en a marre, et la famille aussi.

Faire tous les frais de la conversation, c'est, je sais, ne pas s'apercevoir que les autres sont là. Les gens qui nous connaissent disent que nous avons beaucoup de points communs, que nous sommes des siamois. N'oblige pas les êtres qui t'entourent à vivre exactement parallèles à toi. Même les siamois ne disent pas bonjour ensemble, à tout le monde. Ils ont leur tête, si j'ose dire. Tu veux toujours tout expliquer. Quand on a le malheur de te demander l'heure, tu entreprends aussitôt d'expliquer comment on fabrique une pendule.

La contradiction ne te fait pas peur. Tu n'aimes pas le dimanche parce qu'il n'y a pas de courrier, et tu appréhendes la semaine parce qu'il faut y répondre.

Tu es un inquiet perfectionniste, tu seras toujours inquiet, tu seras inquiet le jour de ton enterrement, tu voudras l'organiser. Tu auras peur d'être en retard.

Comme dit ton fils adoptif Eric Lacoeuilhe, tu es un éternel enfant, faible, autoritaire, timide, craintif, velléitaire, épris d'absolu, pudique et public. Je ne te crains que quand tu as tort ou que j'ai vraiment fait l'imbécile.

Dans ma vie, je n'ai eu que quelques tremblements de père qui n'ont laissé aucune trace sur l'échelle du regretté Richter. Tu es trop gentil avec moi, tu es faible et j'en abuse.

Elevé par une mère très sensible à l'argentillesse, je t'ai sorti deux ou trois phrases du genre : « Pour nous, tu n'es pas un papa, t'es un carnet de chèques. » Où ai-je bien pu prendre des expressions pareilles ? A partir d'aujourd'hui, je continuerai à te taper, mais je fignolerai mon texte, devenu personnel.

S'il est vrai qu'à six ans l'être est défini pour l'essentiel, qu'est-ce que je vais être chiant par moments. Je suis vif-argent, un peu voyou.

Une chose est permise, cela m'amuse moins, c'est acquis, cela ne m'amuse plus. Je suis snob, j'aime les marques de luxe, le cachemire ne me gratte pas, et Weston, ça me botte.

Du côté de ma mère, on sait compter ; de ton côté, on sait raconter. J'ai l'intention de profiter des deux. Je suis à l'âge où l'on ouvre tous les tiroirs, un seul restera ouvert plus tard, ce sera mon métier.

Tout petit, sur les plages de Cannes, quand je voyais les garçons porter les matelas, piquer les parasols et servir à table, je répétais à qui voulait l'entendre : « Je veux être *plagiaire.* » Ensuite, j'ai pensé un moment être ravisseur à Beyrouth. J'ai flirté avec l'idée de jouer la comédie : ma sœur joue, mon père a joué — ce n'est pas parce qu'on est fils de croque-mort qu'on n'a pas le droit de se faire enterrer.

Mais le monde a commencé à vaciller pour moi

le jour où j'ai réalisé que deux et deux font quatre et rien que quatre. Je serai avocat d'affaires, je vais me mettre sérieusement à mes études. Bien que le bac soit, paraît-il, devenu un billet pour nulle part, je veux des diplômes. Vous, mes parents, avec les vôtres, vous n'avez jamais fait gagner un sou à un encadreur. S'il le faut, j'irai en internat. Ma mère a tout fait pour avoir sa pension, j'aurai la mienne.

Et pourtant, je suis un paresseux héréditaire. Je n'ai jamais cru à l'énergie scolaire. En début de semaine, je me demande pourquoi on est obligé d'être lundi toute la journée.

Une de tes phrases toutes faites me sert de règle de vie, tant pis pour toi ou tant pis pour moi, on verra : « Soyez de bonne humeur jusqu'à 10 heures du matin, la journée se chargera du reste », c'est pourquoi je me lève à 11 heures, dès que je peux. Allez dire à un ouvrier de chantier que la fortune sourit aux gens qui se lèvent tôt, même s'il a un très joli coup de marteau, il vous enverra aux pelotes !

J'ai lu dans ton bréviaire que la belle Otéro répondait à ceux qui affirmaient que la fortune vient en dormant : « Cela dépend avec qui on dort. »

Je te dois, papa, d'avoir compris très tôt, plus tôt qu'Albert Einstein, la relativité.

J'avais 9 ans. Ma nièce de 2 ans a jeté ses chaussons dans la baignoire pleine, tu les as trouvés, tu as ri. La veille, j'avais pris une engueulade monstrueuse pour avoir simplement laissé le savon dans l'eau... A chacun ses prisons.

Je suis comme toi, je n'ai pas besoin de vingt-quatre heures pour me fâcher vraiment, mais cela dure deux minutes. Nous n'avons pas de rancune. Nous rions des mêmes choses. Redoubler sa maternelle, donner son corps à la science et qu'elle le refuse, éternuer d'une seule narine, épouser la fille aînée de l'Eglise, qu'y a-t-il de plus drôle que de ranger une cave et d'y découvrir un vieux bidon d'antirouille complètement rouillé, de passer devant une loge de gardien d'immeuble bruyante, d'entrer prendre le courrier et de trouver une concierge en train de faire faire un devoir de français à sa fille en hurlant en portugais, d'offrir une paires de boules à son papa, pour la fête des pères ?

Nous ne nous énervons pas des mêmes choses.

Trouver une place pour garer la voiture est un problème pour tout le monde, mais chez toi, c'est une hantise qui frise la maladie du « parkingson ».

C'est délicat de s'aimer autant soi-même et de douter de soi sans arrêt à ce point-là. 80 % de tes maux sont psycho et logiques.

Tu es un utopiste, mais heureusement pragmatique. Par crainte de l'ennui, tu as choisi les ennuis. C'est pourquoi je suis là, et ma sœur aussi. Ta vie privée, le peu que j'en sais, est tellement compliquée qu'un maître chanteur s'y perdrait.

A préférer cultiver ton jardin, ton image de marque et à passer ton temps à dire non là où il fallait dire oui, tu as négligé mon héritage. Tu me fais penser à cet homme intègre qui n'avait jamais voulu se vendre. Sur le tard, il avait enfin accepté le principe, mais personne n'en voulait plus. Il faut réagir avant de faire partie des voix chères qui vont se taire. Les urgences silencieuses sont toujours plus pathétiques que les urgences criantes.

Il faut que tu te réconcilies avec les femmes, l'eau, le travail et toi-même, car le ratage des vies réussies est encore plus triste. Regarde Elvis Presley et son beurre de cacahuètes. Fais attention à toi, les cardans de ta voiture et ta nuque se sont mis à craquer en même temps. Réagis avant d'être grièvement fatigué. Tant que les parents vivent, on a l'impression d'être immortel. Après, plus jamais on ne sera un enfant, pour personne.

Tu adores les mômes, dont les tiens. D'abord, c'est commode pour un menteur de pouvoir jurer sur leur tête, mais n'oublie pas que l'amour de ses enfants est la forme la plus primaire d'autodégustation, mêlée d'ambition de les voir réussir avec le bonheur en plus.

Ma mère disait souvent que tu étais invivable. Elle a mis dix-sept ans à s'en apercevoir ; moi je n'ai jamais eu de problèmes réels avec toi, car « je vois les choses qui sont derrière les choses ». La solitude est souvent plus aiguë à deux que seul. Je sais, parce que tu me l'as appris qu'on mange ensemble, mais qu'on digère seul. Et puis, nous ne sommes pas mariés. Le couple uni, c'est l'autre à bout portant, le couple désuni avec des enfants, une prise d'otage permanente. Le gosse est adoré par sa mère et son père, et mal aimé par les deux.

Dans mon cas particulier, deux taureaux, et le foyer devient les arènes sanglantes. Il vaut mieux être dans les places à l'ombre au moment des banderilles.

J'ai presque fini, papa, je sais que tu n'es pas susceptible, depuis le jour où, à table, nous avons eu cet échange de répliques :

« Papa, plus tard, je voudrais être une vedette !

— Comme qui ?

— Je ne sais pas... pas comme toi... une vraie. »

Voilà, papa, j'ai fini ma copie.

Mon petit David.

On dit que la franchise est le paravent de la noirceur et de la cruauté. Ceux qui le disent ont tort. Pour moi, la franchise, c'est alléger la vie évidente et donner du poids à la vie essentielle. Tout ce que tu m'as dit, j'aurais pu le signer.

La vie, c'est apprendre à rire et à pleurer à bon escient. Enfant, on fait cela bêtement.

J'ai été élevé par des parents charmants, mais qui étaient tournés vers le passé. Du genre qui ne font parler d'eux que trois fois dans leur vie, quand ils naissent, quand ils se marient et quand ils meurent. Ma mère, la vraie, il y a une dizaine d'années, m'a envoyé une photo de moi, tout nu, à deux ans, sur une plage, avec ce mot : « En triant les papiers, j'ai trouvé cela, puisque tu aimes les horreurs, je te l'envoie. »

Il y a des films que je peux voir avec toi sans aucune gêne où il ne saurait être question d'emmener ta grand-mère.

Dans leur milieu, ils avaient leurs pauvres. Dans le milieu, celui des médias, nous avons nos riches. Mes parents se gargarisaient de la phrase monstrueuse de Blanche de Castille préférant voir son petit Louis, pas encore saint, mort plutôt que coupable d'un péché mortel.

Toi, je te préfère cent fois faisant des conneries que souffrant le moins du monde. Dans notre vie accaparante, on vous couve trop, parce qu'on ne peut suffisamment s'occuper de vous. On ne voit pas toujours arriver les choses.

Il y a des appareils de photo si compliqués que, quand on a fini de faire le point sur un bébé, c'est déjà un soldat.

Je n'aime pas tellement mon enfance, et j'aime les fleurs de mon enfance qui envahissaient le jardin de mes parents et de mes grands-parents.

Je n'aime pas les écoles imposées, et l'odeur des livres neufs et des cahiers d'écoliers m'émeut.

Ce n'est pas le service militaire que regrette le pacifiste que je suis, c'est la beauté insolente des vingt ans, qui nous étouffait déjà. Comme tous les pacifistes, depuis j'ai rêvé d'envoyer des bombes sur Kom, sur les palais de Tripoli, sur la tente de Pot Pol. Militant de première heure de l'abolition de la peine de mort, j'ai rêvé d'étrangler de mes mains Barbie, Patrick Henri et autres assassins et piétineurs d'enfants.

Je suis contre la peine de mort au petit matin, à l'aube, à l'abri du Code pénal et d'une cour de prison, mais je suis pour la brigade antigang qui frappe dans l'action celui qui voulait frapper. « Sous tant de morts, sous Troie, il fallait l'accabler, tout était juste alors[1]. »

Pétri de contradictions apparentes, il m'arrive d'être logique au fin fond de moi-même.

A l'heure où les pendules se remettent à l'heure, il est un peu triste que les ressorts et les aiguilles se fatiguent. On ne peut plus agir, on ne peut plus qu'enseigner ce que l'on croit savoir... et c'est mortel.

1. Racine, *Andromaque,* acte I, scène 2, quand le comédien sait son texte.

Vaut-il mieux être Richard II
à la fin du III
ou Richard III à la fin du II ?

J'ai connu une folle, une vraie. Elle était comtesse, encore très riche. Elle faisait recevoir ses invités par son amant, masseur ancien boxeur, devenu manchot, à la suite d'une partie de tondeuse à gazon qui avait mal tourné.

La comtesse avait offert des funérailles grandioses à l'avant-bras coupé et fait construire un caveau à deux places et demie.

C'était à un bal costumé, dont Rome, dans les années 50, raffolait. Je m'étais déguisé en pape, ce qui n'était pas spécialement original, mais provocateur à la limite de la prudence. La comtesse, son chien, son boxeur, sa nièce souffre-douleur et un serviteur sans âge depuis longtemps, chargé d'attraper le filin que lui lançait un des marins du vaporetto ou des gondoles, nous attendaient sur le ponton-jardin devant le palais élégamment délabré qui s'enfonçait doucement dans la lagune.

Toute personne s'étant déguisée au moins une fois dans sa vie a vécu ce court laps de temps où l'on oublie totalement sa dégaine insolite. Il faut le regard condescendant et amusé d'un passant ou d'un maître d'hôtel pour nous replonger dans la comédie de notre silhouette.

A peine le pied sur la terre ferme, ce phénomène se produisit avec une intensité de rêve.

Je tendis la main au serviteur sans âge, dont on murmurait à Rome qu'il était le père de la comtesse. Il prit ma main, afin de me faciliter le débarquement, s'agenouilla le plus naturellement du monde et baisa l'énorme bague que le costumier avait jointe à la robe blanche, à la ceinture et à la calotte.

A l'exception du boxeur manchot, mes hôtes s'inclinèrent, la comtesse me prit la main, embrassa avec ferveur l'améthyste synthétique qui me serrait affreusement l'annulaire et s'écria au moment où je commençais à vouloir commenter mon accoutrement : « Oh ! Que c'est gentil, Très Saint-Père, d'avoir changé d'avis ! Vite, qu'on prépare le salon bleu ! »

Assis sur un fauteuil, une tasse de café à la main, entouré d'une volière de comtesses, je ne comprenais rien — et je ne comprends pas plus aujourd'hui — au degré de fantaisie plaisante ou de folie mystique de cette comtesse, qui continua toute la soirée à m'appeler Très Saint-Père, me murmurant à l'oreille les confidences les plus insensées.

J'ai pris la fuite, disant qu'on m'attendait au Vatican. Tandis que la gondole du palais dérapait du ponton, la comtesse, dont les yeux et le diadème brillaient dans la nuit, me lança : « Quand je pense, Très Saint-Père, que vous me disiez n'avoir rien à vous mettre pour la soirée... ! »

Je ne l'ai jamais revue. Elle est morte il y a dix ans ; selon son vœu, on l'a enterrée debout, à côté de l'avant-bras du boxeur, qui devait rejoindre le tout deux ans plus tard.

Je ne me suis plus jamais habillé en pape.

Il vaut mieux avoir une grande tache
sur son tablier
qu'une petite sur le poumon.

Le comble de la bêtise établie, c'est un membre du corps médical, pédiatre de surcroît, demandant à un enfant de six ans, seul dans sa chambre, qui, deux jours après une appendicite, réclame à manger plus substantiellement :

« As-tu eu des gaz ?

— Non.

— As-tu été à la selle ?

— Non.

— Alors, pas encore de vrai repas. »

Je suis entré à ce moment et j'ai demandé au petit garçon :

« Tu as fait des prouts ?

— Oui.

— Tu as fait caca ?

— Oui. »

Au pédiatre, qui ferait mieux d'être vétérinaire, vexé, interloqué et aseptisé, j'ai dit : « Vous pouvez lui donner à manger, je passerai demain prendre votre température. »

On comprend pourquoi l'homme
est le seul animal qui rougisse.

Je ne connais rien de plus délicieux que les situations rêvées. L'enjolivement — vertu primordiale qu'on avait tendance, de plus en plus, à laisser aux enfants et aux politiciens — est aujourd'hui à la portée de tous.

Dieu merci ! comme disent les marxistes de Varsovie, le mensonge de qualité avec embellissement corollaire et dérivé redevient à la mode, grâce à des gens courageux qui, comme moi, n'ont pas hésité à en faire leur métier.

Ce phénomène d'affabulation crapuleuse, mais poétique, touche depuis le 10 mai 1981 les couches laborieuses, alors qu'il y a quelques années seule la bourgeoisie l'utilisait dans les affaires et les dîners en ville.

Avez-vous connu beaucoup de Russes blancs en France dont les parents, avant la révolution d'Octobre, n'aient pas été princes du sang, alliés de près ou de loin aux Romanov ?

Mentir demande beaucoup de mémoire et un

peu d'humour. Pendant qu'on ment, vous remarquerez qu'on ne calomnie presque jamais, on médit tout au plus, et pas toujours. Le plus difficile pour vous, dans ce livre, est de trier le vrai du faux. Je vous y aiderai si je vous sens complètement perdu. J'aime les cas limites.

Au palais de Bokassa à Bangui, je ne savais pas que, chaque fois que je venais déjeuner avec Jean Bedel, c'était de la chair humaine et non du buffle qu'il me servait — je l'ai appris récemment par les journaux. Je ne veux pas faire trop de politique dans ce livre, mais je dois dire que ni Vali ni Robert, alors ministre de la Coopération, ne m'en avaient parlé, je pense même qu'ils n'en savaient rien.

Ce jour-là, la voiture présidentielle vient me chercher à l'hôtel Rock, plus tôt que prévu. Connaissant les caprices du futur empereur, je ne m'étonne pas plus de cela que de la phrase du secrétaire particulier : « Nous allons passer par la prison de Ngaragba chercher un colis. » Et il ajoute, sibyllin : « A table, vous profiterez du général G... » Ce qui, depuis les événements, se traduit du bantou en français par : « Au menu, vous aurez du général G... dans votre assiette. »

C'était un deux-étoiles qui avait déplu à l'ex-sergent, parce qu'il avait à Paris, rue Marbeuf, acheté les mêmes chaussures que lui et les avait mises la veille du jour où le président voulait inaugurer les siennes.

Je n'avais jamais, auparavant, rencontré ce

militaire ; de toute façon, je ne l'aurais pas reconnu dans sa sauce poivrade. Quitte à choquer certains adeptes de la nouvelle cuisine, je dois à la vérité de dire que ce deux-étoiles avait, à la cuisson, mérité largement sa troisième posthume. Parfois, la nuit, grignotant une babiole devant mon réfrigérateur ouvert, il m'arrive de penser à la phrase de Gandhi. « L'homme est ce qu'il mange. »

Je n'ai jamais revu Bokassa depuis son sacre et son massacre, mais je peux affirmer, ayant étudié de plus près les coutumes tribales des Mbaka —, qui veulent que tant qu'on n'a pas mangé le corps de son ennemi, il peut vous nuire —, que l'empereur déchu, de sa résidence d'Abidjan, en exil, à son cachot de Bangui, doit rêver d'un gigantesque Valéry Giscard Festin avec bénédicité spécial : « Mangez, car ceci est son corps, buvez, car ceci est son sang. » Bokassa doit y penser, ne serait-ce que pour tuer l'attente de la revanche, la seule chose qu'il puisse tuer aujourd'hui, du fond de sa prison.

Il lui arrivait d'être drôle — entre deux crimes. A mon micro, il m'a confié avoir blagué avec les services de sécurité de l'Elysée : « Monsieur le Chef du protocole, je préfère, ce soir, aller à Versailles, en voiture plutôt qu'en hélicoptère... Je ne veux pas que mon entourage en profite pour me jeter aux crocodiles dans la Seine... Ah ! ah ! ah ! »

Il est bon de comprendre clairement
qu'il y a des choses qui sont absolument
incompréhensibles.

On s'ennuie toujours chez les gens
avec lesquels il n'est pas permis de s'ennuyer.
Il y a des dîners gratuits tellement ennuyeux
que c'est plus cher que s'ils étaient payants.

La barrière chimique de mon cerveau refusant l'accès aux grosses molécules agressives, je n'ai jamais pu supporter Manouche. On l'avait connue belle, on la disait irrésistible, je ne l'ai vue que bruyante et encombrante avec un zeste de pathétique.

Thierry Le Luron et un éditeur de mes amis m'avaient demandé de l'interviewer, afin de lui prouver qu'elle existait encore. Je suis venu chez Lipp, ses yeux déjà sentaient l'alcool, le temps était à l'orage.

Autour d'elle papillonnent quatre ou cinq jeunes gens fragiles, abeilles de cabinet, qui bourdonnent. Elle mange salement, ils rient bêtement. Elle me déclare la paix en me lançant, péremptoire et tonitruante : « Ça fait dix ans que nous nous prenons pour des cons, on peut essayer de changer d'avis. »

Elle chasse les deux mignons de service assis à côté d'elle, l'éditeur *go between* assiste au numéro de charme, que je subis avec curiosité et une pointe d'admiration. Manouche ne peut pas séduire quelqu'un sans matraquer une floppée de personnes au passage. Qui n'a vu les cent trente kilos de Manouche se mettre en quatre n'a rien vu. Ce soir, elle n'aime pas la danse, elle s'est « fait chier » au théâtre des Champs-Elysées, où un « connard » l'a traînée voir ce ballet de « chiottes ». Le connard, à la table, en smoking, sourit avec délice, il glousse, je pense qu'il va jouir.

Ce soir, elle n'aime pas non plus Jacques Chazot, qui en prend plein le tutu. Il était dans la salle, et c'était la seule chose positive du spectacle, car au moins, il ne dansait pas.

Ce soir, elle n'aime pas Alice Sapritch, qu'elle a vue à la télé dans *La Cousine* stupide de Balzac.

Rires du chœur des vierges qui froufroutent.

Manouche, curieuse Célimène, entourée de petits marquis lançant en pâture des noms propres de Parisiens aux sarcasmes lapidaires d'une des plus grosses communes de France, me fait rire un peu, m'attriste et m'exaspère beaucoup.

L'éditeur rit trop. Il a une excuse, il voudrait la décider à écrire ses mémoires de femme de gangster.

Je m'ennuie, car je ne sais pas être drôle à deux. Un rêve m'emporte, elle parle au loin, elle veut organiser un dîner chez le mélomane béat du bout de la table.

Le père Caze, à quelques mètres de nous, initie son neveu à l'art subtil de servir, de séparer le bon grain de l'ivresse, de trier les habitués du rez-de-chaussée et les figurants du premier étage, là où l'on ne fait que manger. Un mot plus fort que les autres me ramène à la table :

« Avec son gros cul, elle réussit tout de même à se faufiler partout. »

Elle ne devrait pas parler ainsi d'elle-même... Non, il s'agit de sa meilleure amie.

Manouche, fascinante de charme disgracieux, d'efficacité vénéneuse, parle de tout et, surtout, de rien.

« Je ne supporte pas les traces de merde sur les gants et les serviettes de bain.

— Ah oui ?

— Alors, je les achète kaki. »

Elle enchaîne sur un échotier qui l'avait traitée de « merde ambulante ».

« Une mouche n'a jamais tué une merde, mais une merde peut très bien en faire chier une autre, j'aurai sa peau, à ce con.

— Etes-vous fâchée avec beaucoup de monde ?

— Oui, il y a plus d'enculés que de pédés, n'est-ce pas, les mômes... ? Et d'ailleurs, même quand j'étais vierge, il m'arrivait d'en avoir plein le cul. »

Je cherche une sortie digne de mon ennui grandissant. Avec gentillesse, elle me l'offre sur un plateau de fromages qu'elle vient de finir. Avec un grand mouchoir, elle s'essuie les aisselles, le cou, les bras et, se trémoussant sur la banquette de moleskine, laisse tomber :

« Demande l'addition, on part, je sue de la cuisse. »

De temps en temps, elle avait le génie du raccourci. On peut la regretter, ne serait-ce que pour ce dialogue avec Roger Peyrefitte :

« Dis donc, il t'a coûté la peau du cul, ton petit Philippe, tu t'es ruiné pour lui, qu'est-ce qui t'a pris ?

— Que veux-tu, Manouche, je me suis offert le printemps.

— Avec ce que tu as claqué, t'aurais pu, en plus, t'offrir les Galeries Lafayette. »

Elle aurait pu devenir la Coluche du Tout-Paris.

Hais la charité, réclame la justice.

Le meilleur n'est pas toujours
ce qui arrive.

Haïti-Port-au-Prince.

Débarqués d'un Boeing après une nuit blanche dans l'avion, nous sommes accueillis par un personnage coloré, étrange, lequel, muni d'un stick qui nous évite les formalités de douane, s'occupe de récupérer nos bagages de soute — plus exactement, il charge quelques esclaves en short de le faire. On nous sert un jus de quelque chose. Nous sommes une vingtaine d'amis à faire ce voyage, de mi-tourisme mi-affaires — pour ma part, je tenterai de faire mon émission ou tout au moins d'envoyer des interviews en différé par ligne téléphonique. En attendant, je regarde autour de nous ce petit aéroport qui s'agite. Et je touche du doigt, pour la première fois de mon séjour, le mépris avec lequel le citoyen haïtien est traité par la police.

Dans ce pays pauvre, où le niveau de vie est très bas, quelques familles se partagent 90 % de la richesse du sol ; les autres, toute la population d'Haïti, survivent à peine avec les 10 % qui restent.

La terreur du pouvoir est l'introduction d'armes dans l'île, et, au nom de cette crainte, nous avons vu écarteler les valises et les paniers d'osier des malheureux Haïtiens qui arrivaient des îles voisines, le linge, toutes les affaires fouillées sur les tables de la douane et, pis, les paquets ficelés multicolores de jouets destinés aux enfants ouverts à coups de canif et rendus après examen approfondi dans un état lamentable — voir éventrer un ours en peluche d'un coup de couteau, avant qu'il soit rendu à un homme vaincu et résigné qui ne dit pas un mot, est certainement une des choses les plus révoltantes que l'on puisse vivre. La honte est rarement sur l'humilié.

Deux jours plus tard, nous étions dans un petit zinc à hélices qui se posait dans un champ balisé de brûlots posés sur des bidons de même métal. Derrière moi était assis l'inquiétant monsieur au stick. Je l'entends dire :

« Quel est, parmi vous, celui qui n'aime pas nos méthodes à la douane ?

— C'est moi.

— Il ne faut pas dire des choses comme ça, monsieur Artur, c'est dangereux.

— C'est peut-être dangereux, mais c'est vrai.

— C'est vrai, mais c'est dangereux. »

Et, tout doucement, il dessinait un pointillé sur mon cou. Ah, les braves gens !

« En dehors de ce détail, votre émission était très

bonne. » Il l'avait écoutée d'un bout à l'autre et avait noté tous les détails. Je lui ai demandé de pouvoir interviewer le président Duvalier *bis* — j'avais eu un rendez-vous, mais il a été décommandé deux jours après ce dialogue aéroporté.

L'hôtel où nous séjournions est probablement l'un des palaces le plus luxueux du monde — l'habitation Leclerc, illustration exacte de la réalité haïtienne : une vie privilégiée entourée de murs très hauts dont la crête est hérissée de fer et de verre — une végétation des plus belles du globe, une piscine pour trois appartements, des allées carrossables bordées de lumière, des meubles de toute beauté... et, derrière le mur d'enceinte, la poussière sur des arbres rabougris au milieu de cabanes en tôle, dans un nuage d'enfants qui ne savent qu'attendre, les plus actifs vendant une poignée de fruits de la passion.

C'est dans ce climat de facilité, de culpabilité et de confort malsain qu'il m'est arrivé l'aventure dont nous rêvons tous une fois.

Nous avions le choix, pour occuper nos soirées, entre deux réjouissances limitées : aller attraper une maladie vénérienne et flirter avec un coup de couteau, ou aller jouer quelques dollars au casino — un de mes amis, journaliste célèbre, a évité le coup de couteau, mais n'a pu éviter la maladie — qui quelques années après changeait de nom : le sida. Aujourd'hui, pour les grands tireurs d'élite, ce qui est pis que d'avoir le sida, c'est d'être allergique au caoutchouc.

Ceux qui me connaissent un peu ne s'étonneront pas de savoir que je me retrouvais autour de tables de roulette. Je donne mon jeu habituel, je mets 1 dollar sur six numéros différents, dont le zéro, et le croupier me demande de préciser s'il s'agit du zéro ou du double zéro — c'était, en effet, la roulette américaine, que je fréquente peu.

Le cylindre tourne déjà, la superstition du joueur me fait chercher en catastrophe un billet dans ma poche, je le pose sur le double zéro, le croupier change le billet pour une plaque, le double zéro sort, je m'apprête à toucher 35 dollars, le croupier m'en donne 3 500, je m'étais trompé de billet, c'était 100 dollars que ma main avait rencontrés dans ma poche, il ne valait pas 10 francs, mais il m'a permis d'avoir juste assez d'argent pour ne plus y penser pendant un certain temps.

Dans mon métier, on est toujours milliardaire un soir. On mange du caviar, on boit du Dom Pérignon, mais pas forcément le jour où l'on en a envie.

Dans ce cas-là, qu'aurait fait Louis XI ?

Je choisis mes taxis comme mes billets de loterie. La seule chose qui m'importe dans les deux cas . pour les billets de loterie, qu'ils soient entiers au départ; pour les taxis, qu'ils soient entiers à l'arrivée.

Je prends des taxis comme tout le monde, quand je suis pressé, ou chargé, et quand j'en trouve un, ce qui n'est pas évident, car le taxi est comme le prêt bancaire, rare quand on a besoin de lui. Il m'arrive d'en héler un uniquement pour me détendre, comme d'autres s'assoient à la terrasse d'un café. Dans ce cas, je choisis le taxi dans une file de grande station. Je laisse passer mon tour avec courtoisie, jusqu'au moment où le chauffeur réunit les critères de qualité que je recherche : la cinquantaine, propre, non-fumeur, sans gadget de peluche ou de plastique sur le pare-brise, avec ou sans chien, sans radio à ondes courtes qui grésille pendant toute la course. Cela, c'est pour l'évident; pour l'essentiel, je dois me fier à mon instinct et à la chance. J'aime aussi bien ceux qui répondent que ceux qui prennent l'initiative d'un dialogue. Je crains ceux qui se prennent pour Charlton Heston dans *Ben Hur,* sous prétexte qu'ils sont en course. Je crains également ceux qui attendent qu'un feu soit devenu rouge pour démarrer.

A force de fréquenter les virtuoses du talbin, j'ai eu la joie ou la terreur de vivre des moments de rongeur tout à fait exceptionnels.

Allant, au sortir d'une émission, vers 20 heures, à Neuilly chez François Périer, qui habitait à l'époque une ravissante maison rue du Bois-de-Boulogne, je prends le seul taxi libre qui passe. Le chauffeur est un vétéran comme je les aime. Dans l'ombre qui obscurcit les contours, je distingue sur son nez une paire de lunettes dont les verres me paraissent anormalement épais. Ce n'est que confortablement installé sur la banquette arrière, tandis que la voiture roule à vive allure sur les Champs-Elysées, que je réalise qu'il a le visage collé au pare-brise et qu'il n'arrête pas de maugréer entre ses dents. Nous évitons de justesse une voiture qui vient sur notre droite. « Vous êtes ma dernière course, monsieur, me dit-il. Ces salauds de la commission m'enlèvent ma carte à minuit, sous prétexte que je deviens aveugle. »

Projeté de l'autre côté du siège, j'enregistre que nous venons de monter sur une borne lumineuse et émets un timide : « Vous avez l'air d'avoir pourtant de bonnes lunettes. »

Il se retourne et, comme dans les vieux films, où

le chauffeur, à cent à l'heure, ne regarde pas devant lui pendant de longues minutes, parce qu'il flirte ou menace sa passagère, il arrache ses lunettes, me les tend par-dessus l'épaule, en me précisant désabusé, mais toujours en colère : « Avec ou sans, c'est la même chose... Ce sont des cons... Ils mettent des saloperies au milieu de la chaussée. »

Nous venons de brûler le feu rouge de la rue de Presbourg, nous frôlons un cycliste mal élevé, mais dans son droit. J'essaie de freiner sa colère, faute de pouvoir le décider à faire de même avec son G 7, qui, lui aussi, ferait une très belle compression de César.

Il commence à pleurer, toujours à quatre-vingt-dix à l'heure ; il se mouche, et mon affolement devient hitchcockien quand j'ai l'idée de regarder à travers ses lunettes que j'ai toujours dans la main : elles sont en verre dépoli avec une sorte de petite loupe au milieu. Au travers, je distingue les phares et les lampadaires comme autant de feux follets sur la lande bretonne. Si vous avez déjà regardé un paysage dans une lorgnette déréglée, dans le culot d'une bouteille de bourgogne, vous aurez la même sensation que moi...

Comprenant que je vais mourir dans cette fête, partageant avec ce myope écœuré sa dernière course, je décide de profiter intensément de ce remake des autos tamponneuses de mon enfance. Le pneu avant a cogné un refuge d'agent, ce qui m'a permis de me retrouver à ma place initiale. Je suis encore assez lucide pour apprécier quelques bribes de son texte. Descendant du terre-plein, il me dit, encore retourné à quatre-vingt-dix degrés : « Ils en mettent partout, de ces merdes qui me font chier. »

Je suis en train de penser au moyen d'arrêter cette course folle. Sauter est encore plus dangereux, l'assommer et attraper le frein à main est impossible dans ce genre de voiture, lui demander de réduire les gaz s'est révélé inutile. Je profite au maximum de mes derniers instants, et je vis avec résignation la situation, comme saint Louis de Gonzague jouant à la balle et Gambetta, au ballon.

J'engage la conversation — lui est agrippé à son volant. Moi, je pense que, maintenant, l'hôpital le plus proche n'est plus Beaujon, mais l'Hôpital américain, hôpital où l'on accouche les enfants bilingues de naissance et où l'on pratique l'acharnement thérapeutique sur les grands de ce monde. Je murmure suavement :

« Ne vous retournez pas, je pose vos lunettes à côté de vous. »

Il tend une main pour les attraper et me dit :

« Merci, je suis à l'âge où il me faut des lunettes pour trouver mes lunettes.

— Si vous pouvez ralentir un peu, je voudrais noter le téléphone d'une boutique.

— Si vous pouvez lire quelque chose par un temps de merde pareil, je vous paie une bière. »

Le mot m'évoque la chapelle ardente qui nous guette. J'insiste malgré tout, et il ralentit un peu. Pour être drôle, je risque :

« On vient au moins de se payer un cassis. »

C'est là le miracle de l'instinct, de la chance, de la vie : une minute plus tard, il freine à fond, évitant de justesse la plate-forme arrière d'un vieil autobus, sur laquelle il serait monté d'ailleurs en surcharge.

Après un dérapage efficace mais non contrôlé, nous prenons la porte Maillot à l'abordage.

« Vous vous rendez compte, je peux vous réciter l'index des rues de Paris, le Code de la route, je conduis depuis plus de cinquante ans, et ces enfoirés de la commission m'obligent à remiser. Ah, les chiens ! »

Nous venons d'éviter la première rangée d'arbres du Bois — nous sommes boulevard Barrès ; il reste huit transversales avant la rue du Bois-de-Boulogne. J'évalue nos chances — le terrain est plus glissant, car il y a des feuilles d'automne au sol, la ligne droite favorise l'accélération... Je tente le tout pour le tout, je décide de le flatter et de prendre son parti :

« C'est incroyable d'empêcher les gens de faire leur métier... Vous avez essayé d'avoir des certificats médicaux, d'aller voir un opticien ?

— J'en ai vu quatre.

— Et alors ?

— Pas un n'a voulu donner tort à l'autre. »

Ce souvenir l'énerve, et il accélère un peu.

« Qu'allez-vous faire, alors, à partir de demain ?

— J'ai fait une demande à la mairie de mon bled, pour conduire un car de ramassage scolaire.

— Et ça a marché ?

— Oh oui ! Ils sont beaucoup plus coulants, et puis, chauffeur de taxi parisien, c'est une bonne carte de visite. »

Cramponné à la poignée de la porte, je suis le seul de nous deux à voir arriver le catadioptre arrière d'une benne de cantonnier. Il est trop tard pour le lui dire... Je me couche sur la banquette, la tête dans mes avant-bras. Un bruit de ferraille épouvantable, un « Merde ! » retentissant et furieux, puis plus rien.

Les enfants de son village pourront aller tranquillement à l'école.

Il n'a plus besoin de l'Hôpital américain, ni de ses lunettes ni du prix de la course.

Tandis que le car de flics emmène mon chauffeur, dont le dernier mot a été « Merde ! », je médite sur la condition humaine.

Une fois de plus je suis garé juste en face d'où je ne vais pas, il fait nuit noire, il pleut, je suis blanc comme un linge, pourvu qu'on ne me prenne pas pour un travelo mouillé. Ce chauffeur de taxi est définitivement hors course — un autre aussi inquiétant roule peut-être encore dans Paris, et rien ne peut trahir sa folie douce.

Il a la cinquantaine, il est gris de poils, cheveux courts, porte un blouson marron, a un léger accent méridional et conduit une Peugeot.

C'était l'année dernière, il stationnait devant la

maison de Radio France, selon mon habitude je choisis un sujet d'interview sournois, parmi mes dadas favoris, la violence et l'agression nocture du chauffeur de *suburb*.

« J'ai été agressé deux fois, mon bon monsieur ; la première fois, ils étaient deux, m'ont soulagé de 300 francs et m'ont pris ma montre ; la seconde fois, c'est une femme qui m'a appuyé un canon sur la nuque, pour 170 francs. C'est un pays foutu... Vous ne travaillez pas à la télé ?

— Si.

— Vous n'êtes pas José Artur ?

— Si.

— Alors, je peux vous dire quelque chose : regardez, j'ai posé quatre rétroviseurs, ils me permettent de tout voir à l'arrière — par exemple, j'ai vu que vous écriviez quelque chose.

— C'est très bien fait, je n'avais rien remarqué.

— Oh ! Mais, c'est pas tout ; si vous me jurez de ne pas le dire à la radio, je vais vous confier mon secret, ma force de frappe. J'ai bricolé un système dans la banquette sur laquelle vous êtes assis — il y a quatre seringues remplies de somnifère foudroyant, que je peux déclencher par une petite pédale dissimulée sous le tapis de caoutchouc. En cas d'urgence, même s'il a un couteau à la main, je peux neutraliser mon passager et retourner la situation : le piqueur devient le piqué.

— Mais comment savez-vous que c'est efficace ?

— Oh ! C'est à la suite d'un coup de frein brutal. Il y a quelque temps que je me posais des questions sur l'efficacité de mon somnifère. J'avais même décidé de le tester sur ma femme sans lui dire, et il y a eu ce cahot, mon pied a glissé et j'ai endormi un couple de Japonais que j'ai été obligé de déposer sur un banc du Champs-de-Mars. Heureusement que c'était le printemps — il faisait beau —, sans cela je ne sais pas ce que j'en aurais fait. Ce que je peux vous certifier, c'est que le somnifère de mon neveu, qui est en dernière année de médecine, est de bonne qualité. Je suis repassé toutes les demi-heures, ils dormaient comme des anges. Ils ont pioncé plus de trois heures — à minuit, ils étaient partis. Je rigole encore en pensant à leurs tronches, se réveillant en pleine luzerne.

— Vous êtes un excellent conteur. »

Je suis descendu avec des précautions de Sioux, sous prétexte de téléphoner, en oubliant, hélas ! de relever son numéro.

Avant qu'on invente le moteur à injection, il avait inventé la banquette du même nom. Piqué au vif..., j'ai essayé de retrouver ce ravagé de l'autodéfense — sans succès. Il roule toujours, et son neveu a dû être reçu à l'internat.

Une maison doit se juger
sur les ruines qu'elle va laisser.

Le vendredi 2 juillet 1982, un orage violent éclate pendant le *Pop Club*. Une pluie biblique se déverse en rafales sur le store du Fouquet's, donnant le prétexte à mes invités et à moi-même de faire des plaisanteries plus ou moins drôles sur le sort des passants qui courents s'abriter, sur Wimbledon et son gazon toujours vert, et sur les vacanciers dans les campings et sur les routes imbibées.

Le déluge se calme, l'émission se termine. Je regagne en voiture ma maison de Seine-et-Marne pour le week-end et réalise, dès Fontainebleau, l'ampleur que cet orage citadin avait prise en devenant champêtre et forestier.

Arbres abattus, rigoles de boue glaiseuse sur la chaussée, flaque d'eau, voitures en panne, câbles téléphoniques à terre... J'arrive à ma maison par une route détournée, la plus rapide étant barrée par un sapin. Je veux allumer le jardin : pas de courant ; la maison, de même. Je trouve des bougies, je vais dans la cuisine me faire un thé et j'entends un goutte-à-goutte inquiétant dans la petite cour. Je sors avec ma lampe électrique, je monte sur la terrasse au-dessus de la cuisine et, de la chambre de copains, je découvre Venise. Les regards d'évacuation d'eau s'étaient bouchés, remplis de terre, de brindilles, ils empêchaient l'eau accumulée de s'écouler. A l'aide d'un pique-feu, je débouche l'orifice de la gouttière qui mène au puisard, l'eau s'engouffre avec délice. Vu l'heure et l'absence de lumière, je n'ai plus qu'une chose à faire, aller dormir.

C'est au réveil que tout a commencé. Encore dans l'abstrait, je m'assieds sur le lit, respire profondément. Une odeur de chambre des machines envahit mes narines ; intrigué, je fais pivoter avec grâce mon fessier et pose les pieds à l'endroit où j'avais mis mes chaussons la veille. J'enfonce dans le gras, dans le mou, dans l'horreur, en criant une exclamation que je peux vous répéter à la lettre : « Merde ! »

Ce n'en était pas. C'était du mazout, sur une épaisseur de sept centimètres d'eau qui nappait le rez-de-chaussée de toute la maison. L'eau de la terrasse, en se déversant dans la courette totalement close pas des murs, avait pénétré dans la cuve à mazout remplie à ras bord. Le mazout, plus léger que l'eau, était remonté du fond de ladite cuve, et l'or noir ainsi libéré s'était sournoisement mais sûrement infiltré dans la maison par les trois portes qui donnent sur ce petit patio.

Dans un cas limite de cette envergure, je peux

me permettre maintenant de vous donner un conseil, fruit de mon expérience : n'achetez jamais une maison de campagne ; c'est un piège à cons auquel on s'attache. Après avoir pipe-liné mon fuel durant trois heures, après avoir nettoyé le bas des murs, après avoir aéré mon domicile, je suis sorti en sueur prendre l'air et le soleil enfin revenu, et j'ai constaté les dégâts du jardin. L'orage avait arraché les fils qui tenaient la vigne. Une branche d'un cerisier était cassée, les hortensias, broyés, les roses, gorgées d'eau comme des Pampers mouillées, baissaient la tête pour ne pas voir cela ; seuls les escargots et les mauvaises herbes rigolaient doucement, regardant ce Parisien délabré devant sa chaumine enfumée, qui ne trouvait qu'un mot, le même, toujours recommencé : « Merde ! » suivi, toutefois d'une réflexion à voix haute : « Je vais vendre ce tas de gravats qui coûte la peau des fesses. »

Machinalement, je me suis dirigé vers les framboisiers, que j'enviais d'être couchés. Je cueillis quelques cassis, groseilles, framboises et, mangeant ces fruits dans mes mains qui portaient les stigmates de l'*Amoco Cadiz* et du *Torrey Canyon*, je regardai les groseilliers rouge et blanc qui semblaient me dire : « Tu ne raffoles pas de nos fruits, mais tu finiras bien, comme tous les ans, par les manger, ne serait-ce que pour amortir ce jardin où tu récoltes les tomates les plus chères du globe. »

En plus des trois cambriolages, le petit bois mitoyen a brûlé, les pompiers de Moret, de

Nemours et de Montereau ont mis deux heures à éteindre les genévriers qui s'embrasaient comme des torches.

A part un couple merveilleux, j'ai eu des gardiens remplis de folklore ou d'alcool. (Une vipère rouge de Fontainebleau a mordu la babine du chien de mon gardien du moment.) Je ne vous dirai pas leurs fantasmes respectifs, parce que je n'ai jamais dénoncé personne, même pendant la guerre, où c'était payant; je ne vais pas commencer aujourd'hui, où c'est gratuit. Sachez seulement que le pire n'a pas été celui qui mettait la soude caustique dans une vieille bouteille de cidre et rangeait le tout dans le placard de la cuisine; il était plus con que méchant et n'en tirait aucune vanité. Un jour, il m'a présenté sa mère, afin de me prouver que c'était héréditaire, que cela n'avait pas sauté une génération. Elle a voulu, pour rendre service, laver une chaise longue à la lessive Saint-Marc. Elle s'est installée dans le jardin, sur la pelouse près d'un châssis où j'avais semé des graines de fleurs. Quand je suis revenu, la plate-bande faisait des bulles, je n'ai jamais su la couleur de ces fleurs dans la mousse, au pied du mur de soutènement. Je l'avais construit afin de retenir le tertiaire de la colline qui s'effritait de temps en temps. Paraphrasant Jésus, j'avais eu l'imprudence de dire à mon maçon, qui ne buvait pas — ma parole : « De ce tas de pierres, je construirai un mur et, sur ce mur, je ferai pousser du jasmin et de la vigne. » Or mon maçon, que mes amis avaient très vite surnommé Tchin-Tchin, avait monté un mur pour soutenir des fleurs, mais pas une colline, et mille mètres cubes, un soir d'orage, écrasèrent le jardin.

J'étais une fois de plus en studio, en direct, présentant *Qu'il est doux de ne rien faire.* Il était 18 h 15. Le téléphone sonne dans la cabine. Mon assistant, dans l'interphone, m'annonce mon gardien, celui à qui mon ânesse Cléopâtre avait mangé deux doigts l'année d'avant. Pour qu'il m'appelle en pleine émission, je pense à la chanson *Tout va très bien, madame la Marquise.* Voulant être drôle et espérant conjurer le sort, je lui dis, avant toute chose :

« Allô, Allô James, quelles nouvelles ?

— Non, monsieur José, c'est pas James, c'est Bertrand. Votre mur s'est effondré, et il ne reste plus rien. »

Croyant que c'était le mur de la maison adossé à la colline qui avait cédé, j'ai ressenti un soulagement euphorique quand j'ai compris que seuls les arbres, les meubles de jardin, le tuyau d'arrosage, les fleurs, les brouettes, les fourmis et les escargots étaient broyés sous le mur de mes lamentations. Deux jours avant, le landau de la fille d'un de mes collaborateurs était au pied du jasmin. C'est cela le vrai bonheur ; avoir évité un remake du landau écrasé irlandais.

Le bébé est devenu une ravissante jeune fille.

L'hygrométrie, en Seine-et-Marne, est aussi élevée que l'alcoolisme sénile et la délinquance juvénile.

J'ai été cambriolé trois fois, — maintenant, ma maison est piégée, mais comme je n'ai aucune mémoire pour ce genre de chose, c'est moi qui prends tout sur la gueule et qui dérange la gendarmerie chaque fois que j'arrive de nuit.

Lors d'un des cambriolages, mon gardien, qui n'était pas un ange, faisait partie de la famille des visiteurs. Allah, merci ! Dans tout ce qui m'arrive, il a du cocasse qui sommeille.

Toute la bande a été arrêtée. Il y avait un brocanteur parmi eux, qui a tout mis en salle des ventes le dimanche suivant. Ils écoutaient le *Pop* pendant qu'ils opéraient en se foutant de moi, ils remplissaient leurs paniers et chargeaient l'estafette garée à cul devant la porte. Ils ont tout vidé, sauf ce qui était accroché au mur : ce n'étaient pas des nains, mais, dans leurs explications après arrestation, ils ont, avec une naïveté charmante, déclaré qu'ils avaient oublié de lever leurs torches électriques.

En arrivant, un gendarme a eu un mot grandiose qui a même surpris son chef : « Montrez-moi ce qu'on vous a volé. »

Cambriolé, je me suis aperçu que je ne tenais à rien ; seuls les disques, les livres et les bonnes bouteilles m'ont laissé des regrets.

Ils m'ont volé mes bottes, ce qui est la meilleure façon de faire dedans. Heureusement, si le cambriolage démeuble les maisons, il meuble les conversations.

J'avais acheté une écurie qui, petit à petit, est devenue une ânerie, puis une stupidité, puisque mon ânesse est morte.

En souvenir de mes études difficiles, un de mes amis m'avait offert cette ânesse. Elle était destinée à ma maison de campagne, mais par malice ou erreur d'aiguillage, elle m'avait été livrée à Paris... et au quatrième étage, dans une caisse de bois ajourée.

Vingt ans après, c'est très drôle, mais, sur le moment, c'est paniquant. Je n'étais pas à la maison, on m'appelle au studio :

« Tu sais, il est arrivé un âne[1], il est dans sa caisse et n'arrête pas de braire, la cour de l'immeuble est en révolution.

— Donnez-lui des carottes.

— Il mord dès qu'on passe les doigts à travers les barrières.

— Passez les carottes et pas les doigts. »

Je me suis retrouvé, séance d'enregistrement écourtée, avec quatre copains, à minuit, descen-

1. A cause de l'emballage, le sexe avait échappé à la rigueur de mon interlocuteur.

dant l'âne à pied et à pattes dans l'escalier, vers la campagne, dans une camionnette de location. Cléopâtre est une ânesse qui a doublé de volume et de taille, mais, à l'époque, c'était un ânon de dix kilos, qui n'avait ni bu ni mangé depuis trois jours, sur le quai d'une gare. Elle était folle de rage — mettez-vous à sa place ! —, et elle est arrivée en Seine-et-Marne d'une humeur massacrante ; l'ayant logée quelque temps dans la salle de séjour, j'ai décidé de construire une petite maison, dans un pré au bord de la rivière.

J'ai demandé un permis de construire, il m'a été refusé, parce que c'était trop près de l'eau, à moins de dix mètres on ne pouvait que remonter une ruine déjà existante, me précisait la lettre. Le lendemain, je téléphone à un copain qui démolissait une grange et je lui ai fait livrer un camion de pierres à l'endroit où je voulais construire. J'ai préparé une lettre pour le maire lui disant avoir omis de préciser dans ma demande de permis que c'était une reconstruction d'une cabane démolie. J'ai laissé pousser sur mon tas de pierres, les orties et les rondes du printemps, et j'ai commencé mon intox locale.

Au garde champêtre, j'ai dit : « Il faudrait que je remonte la cabane. »

Au cantonnier : « Vous savez, la fermière se souvient du jour où elle s'est effrondrée. » Quinze jours après, tout le village se souvenait d'avoir joué, enfant, dans cette ravissante petite étable. Ils avaient même retrouvé le nom de la propriétaire : Mme Aublanc.

On se construit les souvenirs qu'on veut, où on peut. Pour ma part, j'ai construit une maison pour Cléopâtre, qui est morte vierge, bourrée de sucre et de pain par tous les promeneurs qui lui rendaient visite, tous les jours ; le dimanche, il y avait la queue de l'âne.

J'aurais dû les faire payer, pour lui constituer une dot et un mari. Hélas ! je n'ai pu lui offrir que le poème de Francis Jammes *Prière pour aller au paradis avec les ânes.*

Acheter une maison de campagne, je le répète, est la chose la plus stupide qu'un être sociable, souriant, disert et sachant conduire puisse faire : tous vos amis font la gueule, car ils ne vous voient plus pendant les week-ends.

Pourquoi viendraient-ils dans votre tas de boue, puisqu'ils possèdent un paradis, où vous avez votre chambre attitrée, vos manies acceptées, votre vin préféré sur la table et la femme de chambre célibataire ravie de vous revoir ? La seule chose que l'on exige de vous : une bonne humeur légèrement ironique, avec une petite pointe de désespérance élégante.

Quelques-uns de mes amis châtelains ont eu la courtoisie condescendante de venir, une seule fois, visiter ma fantaisie rurale, en coup de vent comme on vient voir les pâtés de sable d'un enfant capricieux, avant que la marée monte. Les jours qui suivent l'acquisition ou la rénovation clé en main, les week-ends sont vraiment très agréables.

Les gens qui dénigrent la campagne sont de mauvaise foi : en ville, on trouve aussi des fourmis dans les pots de confiture.

A propos de fourmis, j'ai tenté une expérience sur deux de mes amis : sous prétexte de leur faire deviner l'année de cuisson, je leur ai fait goûter, les yeux bandés, une cuillerée de confiture de fraises avec fourmis et une sans, ils ont tous les deux préféré celle avec fourmis, trouvent qu'il y avait plus de fruits entiers parce que plus de petits grains.

S'il est vrai qu'une bouteille de Butagaz qui s'épuise en pleine cuisson de gigot peut vous faire prendre en grippe la chasse d'eau entartrée qui vous saute à la gueule ou la gouttière qui fuit sur les chaises longues, il ne faut pas oublier que les piqûres d'orties sur les jambes et sur les mains sont excellentes pour les rhumatismes et que la fumée de la cuisine au feu de bois n'est pas plus cancérigène que celle des tuyaux d'échappement des villes. Comme partout ailleurs, à la campagne, il y a toujours des compensations. Comme à Vivaldi, les quatre saisons m'apportent des notes inoubliables.

En hiver, la saison de blanc, dans les allées il y a de la boue comme à Dax, dans les canalisations, de la glace comme chez Lenôtre.

En été, c'est le taon idéal, les larves ont bien donné cette année, la récolte des cloques sera bonne. Il y aura même de la gratte, toute la maisonnée pourra croûter. Parfois, le comble du luxe : des aoûtats en juillet.

En automne et au printemps, il se passe toujours quelque chose. Un terrain d'aviation de modèle réduit se mêle au chant des tondeuses, au chaudronnier martelant la nuit et le jour répond le nostalgique des Aurès initiant ses deux petits futurs skin-heads au tir à la carabine. On ne peut pas s'ennuyer à la campagne ; avec la mousse accumulée sur le versant nord des toitures, vous pouvez faire de très jolis jardins japonais ; avec les vibrions et la sciure de vos poutres vermoulues, le sable des petites allées, sous les pieds des petits santons de votre paysage miniature.

La toile d'araignée joue aussi un grand rôle dans la vie pastorale. Deux options : ou les laisser, ou se servir d'une tête-de-loup. Pour les salles de séjour faisant plus de quatre mètres sous plafond, la tête-de-loup est au bout d'un bambou, lui-même au bout d'un autre bambou qui, lui-même, s'emboîte sur une rallonge que l'on ne retrouve jamais, l'enfant du gardien s'en était servi la veille comme canne à pêche.

Dans une maison de campagne, comme dans une usine, une tournée théâtrale, un parti politique, il est sage de choisir au départ un bouc émissaire qui sera décompresseur, abcès de fixation. L'enfant du gardien, la jeune bonne, à défaut la mère du conjoint peuvent très bien faire l'affaire.

Avez-vous remarqué, dans une auto, quand,

fenêtres fermées, brusquement se répand une odeur familière plus que précise. S'il n'y a que des adultes, l'auteur flatulent ouvre sa fenêtre et dit : « Tiens, il doit y avoir une sucrerie betteravière dans le coin... ou les paysans répandent leur engrais. » En revanche, si dans le véhicule il y a un enfant, mieux encore, un chien, toute la voiture s'écrie : « Dis donc, ton chien, qu'est-ce qu'il pue ! »

Une maison de campagne, c'est aller chercher très près le plaisir de rentrer chez soi le lundi.

Ah ! Au fait, elle est à vendre, ma maison... mais chère, car elle est chargée d'histoires.

A certains êtres,
ne donne même pas la main gauche.

Je me dirige vers le P.L.M.-Saint-Jacques, présidant le concours de mots croisés du *Matin,* malgré un début de grippe. La proclamation des résultats m'attend. J'aperçois une pharmacie où le mot « homéopathie » me rappelle, que, pris à temps, l'Oscillococcinum est parfois miraculeux. La pharmacienne me dit de prendre de suite une dose, de la laisser fondre doucement sous la langue. Je sors avec les granules qui, nimbés de salive, emplissent ma bouche résolument fermée. Au bout de trois mètres, un monsieur croise mon regard et dit à son enfant d'une dizaine d'années : « Regarde, c'est José Artur, qui te parle à 18 h 30. Demande-lui si la graphologue est aussi belle qu'il le dit. »

Ne voulant pas compromettre l'efficacité homéopathique en avalant trop vite les granules, j'ai préféré passer pour un arriéré aux yeux de cet enfant. Dans son regard limpide, devant les borborygmes qui sortaient de mes lèvres closes, j'ai lu un étonnement puis une commisération, enfin un mépris définitif pour les gens de radio qui deviennent des goitreux de montagne dès qu'on leur enlève le micro.

Que Dieu nous prothèse.

Toutes les histoires des hommes débutent par « Il était une fois... ». L'histoire des dieux, à une lettre près, commence de même façon, « Il était une foi... ».

Celle de la chrétienté par une gourmandise, un meurtre fratricide et quelques incestes[1] : ou Eve avec ses fils, ou ses fils avec leurs sœurs.

De quelque façon qu'on retourne le problème, y a pas de miracle. Ensuite tout s'est précipité.

Dieu a fait la campagne, l'eau, et la pêche.

L'homme a fait la ville, le vin, et le brugnon.

Le 25 décembre de l'an zéro est né le premier bébé-éprouvette. Trente-trois ans plus tard, l'anthropophagie trouvait ses lettres de noblesse au cours d'une Cène historique immortalisée par Léonard de Vinci : « Mangez, car ceci

1. Comme dirait l'humoriste, l'inceste, ce n'est pas grave si ça ne sort pas de la famille.

est mon corps ; buvez, car ceci est mon sang. »

Puis vint le miracle, forme sublimée de l'injustice, aïeul du loto.

Après fut inventée l'ancêtre de la machine à laver, la confession chrétienne.

Par la suite, la quête, le denier du culte et le sabot de Noël.

Et, enfin, Paul Claudel.

J'ai rencontré beaucoup de déboussolés, qui se jettent avec frénésie sur le premier Bouddha ou Jésus-Christ qui passe. Les Hare Krishna et les Moon ne sont pas moins dangereux que ceux qui roulent en Rolls et fraudent le fisc au Vatican.

Jésus était pauvre, et le Vatican est riche.

Je ne fais pas partie des gens qui prétendent que Jean-Paul Ier a été assassiné dans son lit pendant qu'il lisait, et, quitte à avoir un pape, je trouve son successeur plutôt sympa, malgré son côté Phileas Fogg. A des journalistes qui lui reprochaient d'avoir fait construire une piscine à Castel Gandolfo, il a répondu à peu près ceci : « Je m'en sers tous les matins, il y a quarante ans que la natation est mon sport favori, ma seule thérapeutique. Je ne peux décemment pas, vous en conviendrez, me rendre dans une piscine publique... Et puis, de toute façon, une piscine est moins onéreuse qu'un conclave. Ça me conserve en bonne santé. »

Après le germanophile, l'ascète, le gourmand outsider et le météore, je pense que l'élection de

Jean-Paul II a été savamment mijotée, afin d'empoisonner les relations de l'U.R.S.S. avec ses satellites de souche chrétienne.

Il faut reconnaître que c'est assez bien vu. Etre catholique en 1987 derrière le Rideau de fer, c'était être gauchiste au quartier Latin il y a vingt ans. L'effigie du pape et de Jésus sont, là-bas, les pancartes de Mao sur nos barricades de Mai 68.

Depuis l'élection de Wojtyla, l'état de siège épiscopal a été décrété à Varsovie, le goupillon et le sabre s'affrontent. Imaginez la tête de Lénine, voyant l'image de la Sainte Vierge sur les piquets de grève des travailleurs des chantiers endeuillés de Solidarité, lui qui écrivait à Gorki, en 1913 : « Toute idée religieuse, toute conception de tout Bon Dieu, tout flirt même avec le Bon Dieu est une abomination indicible. »

Jean-Paul II est un des rares Polonais qui ait trouvé du travail en Italie. Quand il se déplace dans le monde pour embrasser la terre, il y a beaucoup de sous dépensés sous ses pieds, et de sous-développés sous ses yeux. On déroule les tapis rouges de sang. Il y a des morts, des enfants et des femmes piétinés qui montent au ciel, directement.

Pour Dieu, chaque être qui meurt est une affaire classée. Pour tout catholique, la mort est une promotion.

Dans une ville où il est en visite, tous les gens dans les autocars sont catholiques, ils vont se faire bénir ailleurs et en groupe. Si l'on veut être béni à part, il faut être soit Le Pen, soit Mireille Mathieu, soit Stéphanie de Monaco, ou bien il faut tenter de l'assassiner.

A Fatima, il s'est retourné sur l'illuminé qui le menaçait et l'a gratifié du geste auguste du prêcheur.

Après Paul VI, terrorisé par la foule, et Jean-Paul Ier, qui n'a pas eu le temps de consulter la moindre agence de voyages, Jean-Paul II a choisi de devenir le voyageur de commerce pèlerin de luxe de la chrétienté. Ce grand nageur adore aussi les bains de foule. Serrer la main quarante-huit heures durant à un dictateur qui vient de fusiller les jeunes révolutionnaires guatémaltèques..., apporter la bonne parole dans les bidonvilles du monde où la bonne soupe fait défaut..., se faire baiser l'anneau par des tortionnaires..., cela pose une question : indépendamment du fait que c'est onéreux, est-ce utile ?

Les croyants le pensent.

Les penseurs ne le croient pas.

Devant un parterre de jeunes femmes et de jeunes hommes en bonne santé, le pape, à Lyon, fait l'apologie du mariage exclusif, condamne l'avortement et la contraception.

Le triomphe n'est pas évident.

Imaginez un chef d'Etat vantant la lampe à huile, devant le personnel d'E.D.F., ou la charrue en bois devant des paysans juchés sur leurs tracteurs.

Paul VI avait déjà jeté la consternation dans les consciences catholiques avec son encyclique *Humanae vitae*.

Les bonnes sœurs italiennes venant donner leur point de vue et leur bulletin de vote sur l'avortement en 1981 avaient fait sourire ceux qui en sont encore capables.

En quoi ce problème peut-il concerner ces dames ?

Pourquoi pas des sommeliers allergiques au vin et des sexologues vierges ?

L'Eglise a mis des siècles à remettre Galilée debout, à conclure que les juifs ne pouvaient être tenus pour responsables de la mort du Christ, que l'enfant non baptisé par ses parents ne peut, s'il meurt, en être tenu pour responsable au tribunal divin et être privé de la vision béatifique, que les rouquins ne sont pas forcément tous des sorciers, et que manger gras le vendredi saint ne mérite pas le bûcher.

Connaissant le sens des affaires des gens du coin, je ne serais pas loin de penser que le vendredi maigre a été institué parce que la pêche miraculeuse a eu lieu un jeudi.

Dans ce pays chaud, où le congélateur n'existait pas encore, il fallait écouler vite le trop-pêché.

De plus, je pense que celui ou celle qui adore le

poisson devrait, le vendredi saint, s'obliger à manger de la viande. Ce serait cela, la vraie mortification.

Le vrai jugement dernier, ce sera Dieu qui comparaîtra devant le tribunal des hommes.

Et si tout simplement Il était furieux d'être déjà mort ?

Ce que j'aime, dans l'Eglise :
La Bible,
Les églises vides,
Le chant grégorien,
Sœur Teresa,
L'abbaye de Solesmes,
Les petites sœurs des pauvres,
Les enluminures des livres d'heures.

Ce que je n'aime pas :
Le Vatican,
Sainte Thérèse,
Le Sacré-Cœur de Montmartre,
L'eau de Lourdes,
La quête,
Le vin de messe,
La fadeur des hosties
Et la prière des morts.

Une question importante reste sans réponse : Lors de leur dernier entretien, Reagan et Jean-Paul II ont-ils évoqué leurs trous de balle respectifs ?

Si tu nais dans une cité d'urgence,
dépêche-toi d'en sortir.

La première fois,
n'écris pas ton nom sur le mur de la prison ;
tu reviendrais une deuxième
pour l'effacer.

PARLONS DE LUI, Y A QUE ÇA QUI L'INTÉRESSE

En prenant de l'âge,
tout compte fait,
un quart d'heure de mauvaise
musique est préférable à une
demi-heure de bonne.

Artur. — Aimez-vous la musique ?

José. — C'est un bruit qui ne me dérange pas.

A. — Que pensez-vous des sonorités actuelles ?

J. — La valeur des groupes musicaux est proportionnelle à la force de leur sono, comme celle des mômes de *La Guerre des boutons* à leur quéquette.

A. — Vous recevez beaucoup de disques ?

J. — Les mauvais, tous ; les très bons, je suis obligé de les réclamer. Les très mauvais sont dédicacés.

A. — Pourquoi ?

J. — Pour qu'on ne puisse pas les vendre aux puces.

A. — Quelles qualités sont primordiales pour aborder ce métier ?

J. — Etre à l'heure, donc en avance. J'ai toujours été en avance.

A. — Sauf sur votre époque. Etre en avance de vingt ans pendant trente, c'est être en retard de dix pendant un long bout de temps.

J. — J'aime bien l'insolence, si c'est moi qui la manie.

A. — Peut-on vous acheter ?

J. — Oui, mais très cher — c'est pas les corrompus qui manquent, c'est l'argent.

A. — Que faites-vous si l'œuvre d'un ami vous déplaît ?

J. — Je lui fais cadeau de mon silence.

A. — Vous remettez-vous en cause, vous qui posez plus de réponses que de questions ?

J. — Un matin, j'ai pris mon sondage à deux mains et j'ai touché mon panel du doigt.

A. — Vous est-il arrivé de ne pas comprendre ce que vous dit votre vis-à-vis, comme en ce moment ?

J. — Quelquefois. Dans ce cas, je deviens le général Patton de l'interview. Au lieu de s'acharner sur Royan, il mettait la ville dans la poche. Moi, si je ne pige pas, si cela résiste, je contourne.

A. — On dit que vous êtes le Lévitan de la radio, vous meublez comme personne ?

J. — On dit aussi que j'ai endormi le soir plus de gens que tous les hypnotiseurs réunis.

A. — Etes-vous certain de toujours bien choisir vos invités ?

J. — Je suis sûr que les papillons qui butinent se trompent aussi de fleurs, et que les coqs se trompent d'heure.

A. — Parfois, vous posez des questions idiotes ?

J. — Pas plus que vous en ce moment, et puis, j'adore entendre d'importantes niaiseries.

A. — Avez-vous des théories sur votre métier ?

J. — Oui, mais cela risque d'être emmerdant. Animateurs, nous sommes les fusibles des tranches horaires, quand on a fondu, on nous change. Ce n'est pas notre tronche que l'on recherche, mais notre tranche. Ce n'est pas l'âne qu'on salue, mais les reliques. Ne pas chercher une arrière-pensée là où il n'y a peut-être même pas de pensée. Admettre que le savoir-faire et le savoir-dire sont aussi importants que le savoir lui-même.

A. — Avoir la réputation d'être un blagueur peut, de temps en temps, donner une résonance particulière à vos propos ?

J. — Peut-être, mais cela permet d'assener en souriant quelques vérités.

A. — Etes-vous cultivé ?

J. — On peut travailler au Vatican sans être catholique, au journal *Votre beauté* sans être jolie, à la radio sans culture. Pour faire une émission, parfois, il vaut mieux faire maîtresse de ministre que maîtrise de philo.

A. — Parlez-vous breton ?

J. — Je fais semblant.

A. — Parlez-vous anglais ?

J. — Comme vous.

A. — Vous avez fait beaucoup de *Pop* à Dublin, à Londres, à Stratford ; ne trouvez-vous pas que les Britanniques ont toujours l'air de nous prendre pour des cons ?

J. — Il y en a autant qu'en France. Mais les Anglais sont moins fatigants. Entre un Français et un Anglais con, il y a une seule différence : le

Français discute. A ce propos, si je dois mourir d'une rupture de l'aorte pendant une interview, je frémis à l'idée que ce soit au cours d'une interview insipide. Je préférerais que mon flot de sang inonde un philosophe ou un scientifique et non un gugusse débile dont les dernières banalités gâcheraient mon passage au vide.

A. — Y a-t-il des moments frustrants ?

J. — Le meilleur, le plus drôle, le plus irremplaçable n'est que très rarement sur la pellicule de la caméra, sur la bande de magnéto ou sur la photo d'amateur. C'est toujours au moment où il n'y a plus de pellicule dans l'appareil que l'oiseau se pose sur la tête du chien ou que le duc de Windsor perd son pantalon. Heureusement reste la mémoire à la faconde incontrôlable.

A — Avez-vous un souvenir de fou rire ?

J. — Un jour, un monstre s'est assis à ma table et, avec un sourire de demeuré, m'a dit : « Je suis venu vous voir, parce que ma femme dit que je suis votre sosie. »

A. — Pourquoi êtes-vous devenu plus gentil au micro ?

J. — Parce que le temps qui reste est devenu trop précieux pour le perdre en vacheries.

A. — Au *Pop,* il y a peu, vous preniez des sujets uniquement pour le plaisir de les assassiner.

J. — Oui, mais l'émission durait trois heures, voire trois heures et demie. Aujourd'hui, enfin, hier, n'ayant plus qu'une heure, j'ai trouvé plus honnête, plus constructif de mettre en valeur ce qui en vaut la peine.

A. — Au fait, pourquoi le *Pop*, avant de disparaître définitivement pour au moins un an, s'est-il rétréci progressivement ?

J. — Pour des raisons économiques. Ne pouvant, dans ces périodes d'austérité, faire augmenter mes cachets, j'ai réduit le travail. Si la direction n'avait pris la décision de me changer d'heure, j'aurais fini par faire la minute de Saint-Granier, pour le même prix.

A. — Vous êtes toujours aimable quand on vous aborde — la preuve... Pourquoi ?

J. — Ne reconnaissant pas les gens à la ville, surtout les femmes, j'ai toujours peur de vexer un intime.

A. — Est-ce vrai qu'à votre propre sœur venue vous saluer au Fouquet's, vous avez répondu : « Bonjour, madame, quel bon vent vous amène ? »

J. — Oui, mais j'étais en plein travail. Allez savoir si Prost, en plein virage, reconnaîtrait sa mère...

A. — N'est-ce pas une forme d'indifférence ?

J. — « Indifférence » n'est pas le mot. Ma courtoisie lointaine, mon accueil apparemment attentif, c'est pour gagner du temps.

A. — Comment cela ?

J. — Si on me demande : « Comment ça va ? », je réponds toujours vite : « Très bien. » J'ai calculé que j'économisais près de vingt minutes. Si vous avez le malheur de parler d'une grippe, d'une insomnie ou d'un contrôle fiscal, l'autre enchaîne tout de suite sur ses malheurs personnels .. et vous êtes coincé.

A. — Est-ce vrai que vos assistants sont obligés de vous présenter à haute voix les invités, y compris ceux qui vous tutoient et vous appellent José, parce que vous ne savez pas toujours leur identité, même si vous avez joué au théâtre ou tourné avec eux ?

J. — Un mélange de vrai et une pointe de coquetterie.

A. — Avez-vous couché avec vos assistants ?

J. — Avec mes assistants, non ! Pour deux, ce n'était pas l'envie qui leur manquait. Avec une assistante, oui. Je ne le conseille pas.

A. — Vous est-il arrivé de ne pas reconnaître quelqu'un, en ouvrant le rideau à la fin du jeu *A qui ai-je l'honneur ?*

J. —Je l'ai déjà raconté dix fois, oui. Avec Anna Karina. Elle avait changé de coiffure depuis notre dernière interview. J'avais dix ans de plus, donc moins de mémoire.

A. — Qu'avez-vous fait ?

J. — J'ai dit textuellement à Noëlle Robert : « Oh ! Ben ça, alors... ! Alors là, c'est pas croyable... Eh ben, dites donc, ça c'est amusant [1]... ! C'est tellement évident que je vous laisse le soin, mesdames, de vous présenter mutuellement... A

1. Méthode Edgar Faure pour gagner du temps et trouver une idée.

vous Noëlle. » Noëlle Robert a eu la gentillesse de décliner son nom. Anna Karina a fait de même et moi, j'ai eu le soulagement d'un goal qui arrête un penalty.

A. — Qu'auriez-vous fait si... ?

J. — J'aurais joué l'incident technique, je serais parti en hurlant vers la cabine des preneurs de son, en disant que pendant toute l'émission il y avait eu comme un petit bruit dans le casque.

A. — Au fait, pourquoi employez-vous cette forme d'interview à la fin de votre livre ?

J. — J'ai inventé l'interview monologue, autant que cela serve. Et puis, comme, pour ce genre de livre, 90 % de mes confrères et consœurs se font accoucher par quelqu'un, j'ai préféré que José jeune rafraîchisse la mémoire d'un Arthur vieillissant.

A. — Vous parlez sans cesse de votre âge, cela vous ennuie de vieillir ?

J. — Oui. Une femme ou un homme ayant dépassé la cinquantaine, qui vous déclare sa joie de vieillir, qu'il ou elle ne donnerait pas ses rides, son arthrite, sa prostate ou ses ovaires pour un empire des sens, cet individu ne doit, en aucun cas, être cru dans ses autres déclarations, quelles qu'elles soient.

A. — José, votre principal défaut est votre superficialité. Vous vous dispersez...

J. — C'est cela qui m'amuse... Je ne vois pas pourquoi je changerais cette forme de démarche en zigzag qui m'a toujours réjoui... Et puis, je ne suis peut-être pas capable de faire autrement.

A. — C'est sans doute dommage.

J. — C'est comme si vous me demandiez de me taire. Vous auriez deux meurtres sur la conscience, le vôtre et le mien.

A. — Je crois que vous avez eu raison de ne pas prendre un nègre, il vous aurait quitté au bout d'une matinée de travail.

J. — Et puis, il m'aurait pris 5 briques.

A. — Aimez-vous l'argent ?

J. — Oui, mais lui me déteste. Si tous les gens qui m'ont dit merci au *Pop* m'avaient donné 10 francs, je rachèterais Bernard Tapie.

A. — J'ai remarqué que vous me vouvoyez, José, ce qui m'oblige à faire de même.

J. — Au micro, j'ai toujours dit « vous » à ceux que j'aime, même aux enfants.

A. — Pourquoi ?

J. — Le tutoiement exclut les auditeurs du club des élus qui « causent dans le poste », vont chez Castel, sont dans les journaux et connaissent Yanou Collard[1]. Cela leur donne définitivement l'impression qu'ils sont « les autres » et hors du coup.

A. — Comment fais-tu, si l'intéressé te tutoie ?

J. — Je n'en fais pas une maladie, je réponds de même quand il s'agit d'amis intimes. Sans cela, je continue à dire « vous » jusqu'à ce que le familier se lasse.

1. La madone des attachés de presse.

A. — Etiez-vous né pour être vous ?

J. — Tiens, cela me rappelle quelque chose...

A. — Qu'est-ce qui vous fait le plus rire ?

J. — Les histoires courtes : « Vous me prenez pour un con ? — oui. »

Je voudrais, puisque vous m'en donnez l'occasion, saluer le génie anonyme, qui a dit : « si ma tante en avait, ce serait mon oncle ».

A. — Qu'est-ce qui vous fait le plus frémir ?

J. — Deux milliards d'humains dans les salles d'attente de la liberté.

A. — Avez-vous le sentiment d'avoir été un Pygmalion radiophonique ?

J. — Ce sont les journalistes qui ont écrit cela. Quand j'ai eu la chance d'avoir de bons débutants à côté de moi, j'ai fait des progrès.

A. — Etes-vous travailleur ?

J. — Je ne fais pas grand-chose, mais tout le temps. Notamment, je n'aime pas travailler la veille d'un jour de congé.

A. — On dit que vous savez absolument tout sur rien... Etes-vous très intelligent ?

J. — Oui, mais je ne m'en sers pas. Pour vous le prouver, je vous ferais bien le saut périlleux en arrière, mais j'ai peur que ce ne soit un peu littéraire pour vous.

A. — Vous avez la réputation de toujours défendre vos collaborateurs.

J. — Oui, parce que j'aime être aimé. La preuve : il n'y en a qu'un que je n'ai pu faire augmenter pour la troisième fois malgré mes demandes auprès de l'administrateur. Il m'en veut encore, et je n'aime pas cela.

A. — Que faites-vous dans ce cas ?

J. — Dans un premier temps, je conseille au déçu d'aller défendre son cas lui-même et constater que la politique d'austérité n'est pas un vain mot. Second temps : j'attends que cela se passe.

A. — Y avait-il des tricards, des interdits de séjour au *Pop Club ?*

J. — J'ai déjà répondu cent fois aussi à cette question. Il y en avait très peu.

A. — Mais encore... Etes-vous fâché avec des gens ?

J. — Vous me croirez si vous voulez, il devient difficile de rester fâché avec les gens de ce milieu. J'ai de plus en plus de mal à en trouver — on ne choisit pas ses survivants —, il en est mort trois, qui étaient mon fonds de stock. Il m'a été impossible d'éviter la réconciliation avec deux autres.

A. — Il vous reste quand même Mireille Mathieu...

J. — C'est bien pour cela que je me la garde précieusement. Nous avons des amis communs, et néanmoins très distingués, qui veulent à tout prix nous embarquer sur le fleuve Amour. Ça se resserre salement, comme on dit dans les polars.

A. — Vous devez commencer à paniquer... ?

J. — Pas trop. Au moment où je commençais à désespérer, cela s'est arrangé. J'ai eu la visite de Nina Simone, plus noire, ce soir-là, que jamais.

Agressive, capricieuse, tapant sur les esclaves qui l'accompagnaient, injuriant le public et les autres invités. Rassurez-vous, j'ai sa discographie complète, ses disques continueront de nous bouleverser. Mais, pour en garder un souvenir impérissable, il est préférable de l'entendre chanter à quinze mètres que de l'entendre parler à un mètre.

A. — Celle-là, vous allez la garder ?

J. — Eh bien, non ! Elle est revenue d'elle-même, très sage, et je suis réconcilié avec le talent. Rester fâché longtemps dans le métier demande une vigilance de tous les instants.

A. — Votre interview la plus pénible ?

J. — Le boxeur Halimi, de retour de Londres, venant de venger Jeanne d'Arc.

A. — Pourquoi ?

J. — Faire descendre un escalier à un mulet n'est pas aisé.

A. — Votre interview la plus agréable ?

J. — Celle-ci.

A. — Quel est le scoop que vous aimeriez couvrir ?

J. — Charles Pasqua reconduisant monseigneur Lustiger à la frontière.

A. — Etes-vous homosexuel ? Cela se dit beaucoup...

J. — J'en ai plein le dos, si j'ose dire, de cette réputation dont je ne suis vraiment pas digne. J'aime mon semblable. Que celui qui m'a vu faire mon marché dans un bar homo me jette la première bière.

A. — Etes-vous juif?

J. — Non.

A. — Que faites-vous des lettres qui vous traitent de « sale juif » ?

J. — Ce sont les seules qui me gênent un peu. Je ne veux pas m'abaisser à démentir en précisant que je ne suis qu'un Breton bon aryen. Quand ces saloperies sont signées — ce qui est rare, car l'antisémite et le raciste sont des lâches quand ils ne sont pas en groupe avec des battes de base-ball —, quand il y a une adresse, je leur envoie un gros plan de mon sexe armoricain, à ne pas confondre avec un menhir ou une crevette.

A. — Quand vous parlez de Coluche, Thierry Le Luron et d'autres disparus qui vous manquent, vous le faites d'une façon très vivante.

J. — Il y en a tellement, dans ce métier, qui parlent des vivants d'une façon mortelle !

A. — Vous êtes content de votre physique ? Vous êtes encore pas mal pour votre âge...

J. — Hélas ! cela ne s'est pas fait en un jour !

A. — Etes-vous convaincu de votre utilité ?

J. — Non, mais je vous remercie quand même de m'avoir posé la question.

A. — Avez-vous peur de la mort ?

J. — De la vôtre, oui. Quand l'un de nous deux mourra, je serai très triste.

A. — Sur votre répertoire téléphonique, il y a des numéros à l'encre, d'autres au crayon.

J. — J'écris au crayon le téléphone des gens qui déménagent souvent ou qui n'ont pas bonne mine.

A. — Ressentez-vous la solitude du parleur de fond ?

J. — Et pourquoi pas « Et Dieu, dans tout ça » ?

A. — Justement, voici mes dernières questions . avoir la réputation de parler comme un livre au moment d'en écrire un, est-ce un atout ? Et pourquoi un livre de cette taille ?

J. — La qualité d'un livre n'est pas fonction du volume.

A. — Que pensez-vous de Jésus-Christ ?

J. — Je n'ai jamais dit du mal d'un juif, je ne vais pas commencer aujourd'hui.

A. — Si vous étiez Dieu ?

J. — Je ferais des farces, pas des saloperies. Lui, je le trouve limite ; ou bien il est tout-puissant, et il n'a aucune excuse ; ou bien ce n'est qu'un fils de famille, qui fait des cartons sur tout ce qui bouge.

A. — Auriez-vous aimé être une immense vedette ?

J. — Non, avouez que cela tombe bien, c'est même une chance !

La Mamounia,
20 octobre 1987.

Provisoirement hier est effacé par demain qui est annulé.

La plupart des exergues de ce livre relèvent de l'art d'accommoder les restes, comme disait le Père Dupanloup.

INDEX

2542

Impression Brodard et Taupin
à La Flèche (Sarthe) le 16 février 1989
1949A-5 Dépôt légal février 1989
ISBN 2-277-22542-8
Imprimé en France
Editions J'ai lu
27, rue Cassette, 75006 Paris
diffusion France et étranger : Flammarion